Dieses Buch gehört

# DIEBE IN BERLIN

SIBYLLE LUIG

# DIEBE IN BERLIN

mit Bildern von Ulrike Barth-Musil

Personen und Handlung sind frei erfunden.
Jegliche Ähnlichkeiten mit realen Menschen oder
Ereignissen wären rein zufällig und sind nicht beabsichtigt.

www.verlag-monikafuchs.de
www.magiehochzwei.com

Bibliografische Informationen der Deutschen Nationalbibliothek:
Die Deutsche Nationalbibliothek verzeichnet diese Publikation
in der Deutschen Nationalbibliografie;
detaillierte bibliografische Daten sind im Internet über
http://dnb.d-nb.de abrufbar.

ISBN 978-3-947066-44-5


Layout und Satz: Die Bücherfüxin | www.buecherfuexin.de
Silhoutte Berlin: © HS-Photos (Heike Schulz) | depositphotos.com
Cover und Illustrationen: Ulrike Barth-Musil | Potsdam
Text: Sibylle Luig | Berlin

Printed in EU 2020

# Inhaltsverzeichnis

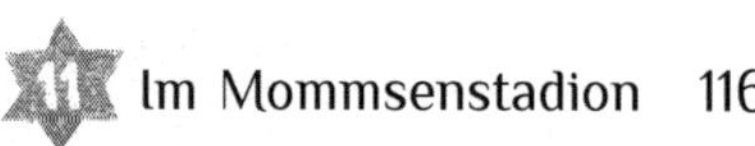

# Überraschung im Schnee

Zwei Tage lang hatte es unaufhörlich geschneit und ganz Berlin war leise geworden unter der ungewohnten Schneedecke. Gerade erst hatte es aufgehört. Der Himmel, der seit Anfang Januar immer nur grau gewesen war, war plötzlich aufgerissen und die Sonne schien.

»Heute Nachmittag schneit es bestimmt wieder!« Philip zeigte auf eine dunkle Wolkenfront, die sich vom Funkturm aus langsam auf sie zubewegte. »Wollen wir nicht rodeln gehen, so lange die Sonne noch scheint?«

Zum ersten Mal in diesem Winter war der Schnee liegen geblieben und Idi war noch nie in Berlin Schlitten gefahren. Elli, Idi und Philip waren auf dem Heimweg von der Schule und standen an der Ecke, an der sich ihre Wege trennten. Elli liebte Schlittenfahren. Aber vielleicht fand Idi, dass sie mit fast 13 Jahren zu alt dafür waren?

»Coole Idee!«, sagte Idi. Elli hatte sich unnötig Sorgen gemacht. »Wo kann man denn hier Schlitten fahren?« Idi schaute sich um. »Hier ist doch alles total flach!«

Elli und Philip grinsten sich an. »Wart's ab. Hier ist der coolste Berg überhaupt!«, verkündete Philipp.

»Ja, klar! Ist alles immer am coolsten hier!«, sagte Idi spöttisch. Manchmal vermisste sie Hamburg, wo sie früher gewohnt hatte.

»Wirst schon sehen!« Elli nahm ihre Zwillingsschwester bei der Hand. »Dann gehen wir jetzt zur Kiesgrube, oder?«, fragte sie und zwinkerte Idi zu. Die verstand sofort.

»Aber wir müssen doch noch nach Hause, die Schlitten holen«, wandte Philip ein.

»Warum denn?« Idi lächelte unschuldig.

»Na, weil ...« Philip brach mitten im Satz ab und starrte in die Luft. Über den Köpfen der Kinder surrte es auf einmal und wie aus dem Nichts kamen drei Schlitten hoch über ihren Köpfen angesaust und landeten lautlos und sanft vor ihnen auf dem Gehweg. Philip starrte den Holzschlitten, den roten Plastikschlitten und die lila Rutschscheibe sprachlos an.

»Mal schauen, welcher besser fährt.« Idi grinste.

»Tss ...«, machte Elli. »Wenn du so anfängst, können wir ja auch gleich zur Kiesgrube fliegen!« Sie drehte sich zu Philip um. »Los! Aufsitzen!«

Immer noch schweigend ließ sich Philip auf den Holzschlitten plumpsen, der direkt neben ihm stand. Er wusste zwar, dass seine besten Freundinnen Hexen waren, aber fliegende Schlitten bekam er trotzdem nicht ständig zu sehen. Normalerweise hielten sich Elli und Idi an das Versprechen, das sie ihrem Vater geben mussten, sich wie zwei normale Mädchen zu benehmen. Aber heute nicht!

»Wer weiß, wann hier mal wieder Schnee liegt!« Elli setzte sich schwungvoll auf die lila Rutschscheibe.

»Und wann das nächste Mal die Sonne scheint. Schön blöd wären wir, das nicht auszunutzen.« Idi nahm an Philips anderer Seite auf dem Plastikschlitten Platz.

»Gib mir deine Hand«, sagte Elli zu Philip.

»Ich weiß nicht«, murmelte Philip unentschlossen. »Seid ihr euch sicher, dass das klappt?«

»Keine Ahnung!« Idi klang übermütig. »Nie probiert!«

»Echt nicht?«

Täuschte Elli sich oder war Philip ein bisschen blass geworden?

»Könnte auch schiefgehen!« Idi schien es Spaß zu machen, Philip aufzuziehen.

»Quatsch!« Elli merkte, dass Philip drauf und dran war, abzuhauen.

»Da geht nix schief. Los jetzt!« Sie streckte ihre Hand erneut nach Philips aus. Immer noch zögernd ergriff er sie. Dann schaute er sich um. »Und wenn uns jemand sieht?«

»Wenn uns jemand sieht, dann denkt er, dass er verrückt geworden ist!«, kicherte Idi.

»Uns sieht niemand!«, beruhigte Elli ihn. »Bist du bereit?«

»So würde ich es nicht gerade nennen«, sagte Philip, aber da hatte Idi schon nach seiner anderen Hand gegriffen. Sobald alle drei verbunden waren, erhoben sich ihre Schlitten langsam in die Höhe.

»Wow«, flüsterte Philip. »Krass, es klappt! Wir fliegen!«

»Wir schweben«, korrigierte Elli ihn. »Jetzt fliegen wir!« Mit diesen Worten schoss sie in den blauen Himmel hinauf und zog Philip und Idi, die vor Vergnügen schrien, einfach hinter sich her.

Mitten im wildesten Flug drehte sich Elli nach Philip um. Als sie sah, dass er mit dem Himmel um die Wette strahlte, flog sie noch schneller und ließ Philip und Idi in ihrem Gespann in weiten Schleifen durch die Luft sausen. Mann, war das ein Spaß! Es ging nur alles viel zu schnell. Schon nach wenigen Minuten erreichten sie die Kiesgrube und landeten am Abhang zwischen den riesigen Wurzeln der alten Kiefern.

»Krass!« Philip war völlig außer Atem vor Aufregung. »Also Schlittenfahren kann heute nur langweilig werden im Vergleich!«

»Find ich nicht«, widersprach Idi und schaute sich um. »Das sieht mega cool aus hier!«

Elli freute sich, dass Idi die Kiesgrube gefiel. Es war einer ihrer Lieblingsorte in Berlin, und sie hatte ihn ihrer Schwester schon so oft mal zeigen wollen. Von hier oben sah man einen langen, verschneiten Abhang, der weit entfernt in einem kleinen Hügel endete. Dahinter lag der See, dessen eisige Oberfläche den blauen Himmel widerspiegelte. Die Schneedecke lag noch unberührt vor ihnen und funkelte in der Sonne wie tausend winzige Diamanten.

»Da geht es runter« Elli deutete in Richtung See.

»Wirklich?« Idi war schon auf ihrem Schlitten und sauste einfach alleine und laut kreischend los.

»Kommst du auch?«, fragte Elli, aber Philipp schüttelte den Kopf.

»Ich brauch noch ’ne Minute!«

»Dann fahr ich zu Idi, okay?«

Ohne seine Antwort abzuwarten, setzte sich Elli auf die Rutschscheibe und flitzte Idi hinterher. Der Wind pfiff ihr um die Ohren und ihre rotblonden Locken flatterten wild um ihren Kopf. Wenn sie selbst flog, war die Luft um sie herum still und trug sie. Die Geschwindigkeit spürte sie beim Fliegen kaum, weil sie sie selbst kontrollierte. Das war beim Schlittenfahren anders.

»Nice, oder?«, rief sie Idi zu, als sie unten ankam.

»Total!« Idi war völlig begeistert. »Komm, wir gehen wieder hoch! Philip muss auch mitmachen.«

»Rauf ist nicht ganz so lustig«, stöhnte Elli, aber Idi war schon an ihr vorbeigelaufen und zog ihren Schlitten schnell den steilen Berg hoch. Elli folgte ihr etwas langsamer.

»Guckt mal, wer hier ist«, rief Philip ihnen entgegen, als sie endlich, inzwischen beide keuchend, wieder oben angekommen waren.

»Hey, Henriette! Cool!« Elli fiel ihrer Freundin um den Hals. »Warum haben wir nicht daran gedacht, dir Bescheid zu sagen?«

»Kein Problem«, meinte Henriette. »Bin ja da!«

»Und Lou auch«, freute sich Idi, als Henriettes Beagle bellend an ihr hochsprang.

»Lou liebt Schlittenfahren«, erklärte Henriette.

»Der fährt Schlitten?«, wunderte sich Philip.

»Nee, natürlich nicht«, lachte Henriette. »Aber er rennt den Schlitten hinterher und versucht, sie umzukippen. Wenn er es schafft, leckt er einem das Gesicht ab.«

»Iih!«, lachte Philip.

»Darfst dich halt nicht umschubsen lassen«, sagte Henriette ungerührt und versetzte Philips Schlitten einen Tritt.

»He!«, rief Philip, aber das half ihm nichts, denn schon flitzte sein Schlitten mit ihm in Richtung Tal und Lou rannte hinterher.

Bellend sprang er um den Schlitten herum. Philip versuchte verzweifelt, so zu lenken, dass er Lou nicht überfuhr. Es dauerte nur Sekunden und schon hatten seine wilden Lenkmanöver den Schlitten zum Umfallen gebracht. Philip landete im Schnee. Vor Freude springend hatte Lou ihn fast erreicht, als er plötzlich stehen blieb und schnuppernd Fährte aufnahm. Er ging ein paar Schritte in Richtung des kleinen Hügels, schien aber die Spur wieder zu verlieren. Er suchte weiter, fand sie schließlich und verschwand laut bellend hinter der Anhöhe.

»Lou!«, rief Henriette. »Lou, wo willst du hin?«

Sie setzte sich auf ihren Schlitten, stieß sich mit den Füßen ab und fuhr ihrem Hund hinterher.

»Geh du zu Philip«, sagte Elli zu Idi. »Ich helfe Henni, Lou zu suchen..«

»Wir kommen nach«, versprach Idi und fuhr jetzt etwas langsamer den Berg hinunter auf den Schneehaufen zu, in dem Philip verschwunden war.

Elli folgte Henriette und Lou. Aber am Hügel angekommen, konnte sie die beiden nicht sehen.

»Henni?«, rief Elli. »Henni? Lou? Wo seid ihr?«

Es kam keine Antwort. Plötzlich war Elli kalt. Sie schaute zum Himmel hoch. Philip hatte recht gehabt, es würde bald wieder schneien. Schon jetzt hatten sich schwere, graue Wolken vor die Sonne geschoben.

»Ich sehe sie nicht!«, rief sie Philip und Idi zu, die gerade mit ihren Schlitten auf sie zukamen.

»Sie können ja nur in Richtung See gelaufen sein!«, sagte Philip und alle begannen, den Hügel hochzusteigen.

»Mist«, rief Idi, die als erste oben angekommen war. »Da ist Lou, auf dem Eis!«

»Oh nein, hoffentlich geht Henni ihm nicht nach. Ich habe heute Morgen im Radio gehört, dass die Seen nicht durchgefroren sind, und dass man auf keinen Fall das Eis betreten darf!«

Elli fühlte Panik in sich aufsteigen. Henriette und Lou durfte nichts zustoßen. Instinktiv schloss sie die Augen und wünschte sich zu ihrer Freundin. Sie spürte ein sanftes Kribbeln in ihrem ganzen Körper und als sie die Augen wieder öffnete standen sie alle drei neben Henriette am Ufer des Sees.

»Wie gut, dass ihr kommt!« Henriette weinte fast. »Lou ist da draußen, aber ich kann ihn nicht mehr sehen. Er ist im Schilf verschwunden. Er muss da irgendwas gefunden haben, so wie er bellt. Ich hab solche Angst, dass er einbricht!«

»Er bricht nicht ein.« Elli schaute Idi in die Augen.

»Natürlich nicht«, stimmte Idi ihr sofort zu und drehte sich zum See. Ihr Blick glitt übers Wasser und ein gewaltiges Krachen sagte Elli, dass Idi den See komplett hatte zufrieren lassen.

Henriette schrie vor Angst. Bei dem Knacken hatte sie gedacht, dass Lou eingebrochen war. Elli musste sie an der Jacke festhalten, sonst wäre sie aufs Eis rausgelaufen. Und dann sahen sie Lou wieder. Er kam aus dem Schilf und lief mit langsamen, vorsichtigen Schritten auf sie zu. Er trug etwas in seinem Maul. Aber was war das nur? Es dauerte einen Moment, bis Elli es erkannte. Es war ein Welpe! Lou musste ihn im Schilf gefunden haben. Als er am Ufer angekommen war, legte er ihn Henriette stolz vor die Füße. Alle gingen auf einmal in die Knie und streichelten den kleinen Hund.

»Oh Gott, ist der süß«, flüsterte Philip und hob ihn hoch. »Er zittert vor Kälte«, sagte er, sobald er ihn im Arm hatte. Er machte seine Jacke auf und nahm den kleinen Hund darunter.

»Wir müssen ihn mit nach Hause nehmen«, bestimmte Philip,»hier erfriert er!«

»Er hat sich sicher verlaufen«, sagte Idi. »Lou hat ihn gerettet.«

»Wir gehen zu mir!« Mit dem Welpen im Arm richtete Philip sich auf. »Ich kümmere mich um ihn!«

Elli hätte gerne widersprochen. Ein halb erfrorener Welpe wäre bei ihr und Idi besser aufgehoben. Immerhin war ihre Mutter Tierärztin und ihre Tante Tierheilpraktikerin, aber sie verstand, dass Philip sich um ihn kümmern wollte. Elli hatte ihren Kater Noah, Idi ihre Rennmäuse Lina und Lura und Henriette hatte Lou, nur Philip hatte kein Haustier.

»Okay.« Sie nickte. »Aber zuerst bringen wir ihn zu Mama in die Praxis, um zu sehen, ob er gesund ist.«

»Logo«, stimmte Philip ihr zu, und gemeinsam stapften sie durch den Schnee und die leise rieselnden Flocken zur Praxis von Ellis und Idis Mutter.

Es war Tante Eva, die ihnen die Tür öffnete. »Wen habt ihr denn da?«, begrüßte sie die Kinder fröhlich.

Philip ließ den Hund erst aus seinem Arm, als Tante Eva ihm ein Körbchen auf den Behandlungstisch gestellt und eine Wärmelampe darüber angemacht hatte.

»Wow!«, sagte Eva, als sie den Hund endlich sehen konnte. »Ein Rhodesian Ridgeback Welpe! Das ist ein Rassehund.«

»Was ist eigentlich besonders an einem Rassehund?«, fragte Elli.

»Kann sein, dass der von einem Züchter kommt«, antwortete Eva. »Der hat vielleicht einen Stammbaum und so.«

Oh, dachte Elli. Ein Hund von einem Züchter würde sicher vermisst werden. Dabei hatte sie gehofft, der kleine Hund könnte bei Philip bleiben. Er schien ihn so gerne zu haben.

»Woher weißt du das?«, wollte Philip auch gleich wissen.

»Schaut mal. Hier am Rücken!« Tante Eva zeigte auf das Fell des Hundes. »Was so aussieht wie eine Verfärbung, das ist ein keilförmiger Haarkamm, auf dem die Haare in die andere Richtung wachsen. Daran erkennt man Rhodesian Ridgebacks. Wunderschöne Hunde sind das.«

Es stimmte. Der Welpe war wirklich besonders schön. Sein Fell hatte die Farbe von Toffifee, auf der Brust hatte er einen weißen Fleck und seine Ohren schlappten lustig um seine gerade Schnauze. Das kleine Gesicht war noch voller Falten. Irgendwie sah es so aus, als würde er sich über alles, was er in dieser neuen, spannenden Welt erlebte, ein bisschen wundern. Noch war er niedlich, aber man konnte jetzt schon sehen, was für ein großer, stolzer Hund er mal sein würde.

»Das sind Jagdhunde«, erklärte Eva weiter. »So ein Hund muss richtig erzogen werden. Gar nicht so einfach, die zu halten. Sauteuer sind sie auch. Die können richtig viel wert sein als Zuchthunde.«

So etwas Seltsames hatte Elli noch nie gehört. Ein Hund, der viel Geld wert war, als ob er ein Schmuckstück wäre oder so. Hunde waren doch keine Gegenstände. Und überhaupt: Alle Tiere waren viel wert.

Philip schien das auch nicht zu gefallen. »Ich nenne ihn Moses«, sagte er und kraulte ihn sanft hinter den Ohren, während Eva ihn untersuchte. »Lou hat ihn im Schilf gefunden.«

»Dein Moses ist eine Hündin«, lachte Eva. »Aber nennen kannst du sie ja wie du willst.«

»Auf keinen Fall!«, protestierte Henriette. »Ein Mädchen kann doch nicht Moses heißen.«

»Wie ihr meint. Gesund ist sie jedenfalls und das ist die Hauptsache«, sagte Eva. »Nur unterkühlt. Sie braucht viel Wärme. Wer kann sie denn mit nach Hause nehmen und sich um sie kümmern, während wir nach ihrem Besitzer suchen?«

Eva setzte sich hin und fächelte sich Luft zu.

»Ich!«, rief Philip, bevor eines der Mädchen widersprechen konnte.

»Und wenn du zur Schule musst, kann sie vielleicht zu Frau Wegner gehen. Du weißt schon, unsere Nachbarin, die auch auf Lou aufgepasst hat, als er klein war«, schlug Henriette vor.

Philip schaute sie dankbar an und nickte, während Eva sich weiter hektisch Luft zufächelte.

»Mann, ist das heiß hier mit dieser Wärmelampe«, stöhnte sie.

Elli und Idi schauten sich an und grinsten. Die Wärmelampe schien genau auf Moses und ihr Körbchen, im Rest des Raumes war die Temperatur völlig normal.

»Hier ist es nicht heiß«, sagte Idi zu ihrer Tante. »Das liegt nur daran, dass du so dick bist.«

»Unverschämtheit«, lachte Tante Eva, die genau wusste, dass Idi sie nur ärgern wollte. »Ich bin nicht dick, ich bin schwanger! Und das mit Zwillingen. Ganz schön anstrengend.«

»Wenn wir dir irgendwie helfen können, sag Bescheid«, bat Elli. »Ich würde gerne mal in der Praxis mitarbeiten.«

»Danke, das ist lieb. Wisst ihr, wie ihr mir helfen könnt? Ihr könnt mal recherchieren, wem das Mädchen Moses gehört. Dann muss ich das nicht machen, okay?«

»Okay«, antwortete Philip schnell. »Das machen wir! Aber kann ich sie jetzt mitnehmen?«

»Ja, das kannst du.« Eva wälzte sich wieder aus dem Sessel. »Wenn wir den Besitzer selbst finden, müssen wir die Polizei nicht einschalten. Die würden sie wahrscheinlich mitnehmen und in einem Tierheim unterbringen, bis klar ist, wem sie gehört. Da hat sie es doch bei euch und ihrem großen Freund Lou besser. Vier Wochen hätte sie noch etwa bei ihrer Mutter sein sollen.«

»Eigentlich müsste man die Polizei einschalten?« Elli sah ihre Tante ängstlich an.

»Ich weiß es nicht genau. Das ist mir auch noch nicht passiert«, seufzte Eva. »Aber vielleicht habe ich ja gar nicht erkannt, dass Moses ein teurer Rassehund ist. Schließlich bin ich im siebten Monat schwanger mit Zwillingen. Da passieren solche Fehler.« Sie grinste.

»Aber wenn wir uns gut um sie kümmern, dann schafft sie es auch ohne ihre Mutter?«

Elli hatte gar nicht gewusst, dass Philip so leise reden konnte.

»Na klar«, versprach Tante Eva. »Los, verschwindet und nehmt die Wärmelampe mit. Passt gut auf sie auf: Ich verlass mich auf euch.«

»Versprochen«, sagten Elli und Idi wie aus einem Mund.

»Wir passen auf Moses auf!«, bestätigte Philip und drückte den kleinen Hund in seinem Arm ganz fest an sich.

»Moses«, schimpfte Henriette, als sie die Praxis verlassen hatten. »Das geht gar nicht. Wir brauchen einen Mädchennamen.«

»Vielleicht was mit R«, fiel Elli ein. »Weil sie doch ein Rhodesian Rigdeback ist.«

»Ruby«, rief Idi.

»Robin«, schlug Henriette vor.

Aber Philip schüttelte nur den Kopf. »Moses heißt jetzt Ronny!«

# 2

# Walpurgisnachtträume

»Schön siehst du aus, Oma Tilda!« Elli boxte Idi, die sich ein Kichern nicht verkneifen konnte, in die Rippen. Sie saßen zu dritt in der großen Küche der Wohnung von Oma Matilda und ihrer Zwillingsschwester Esther und schauten hinaus in den Regen, der heute den ganzen Tag nicht aufhören wollte. All den schönen Schnee hatte er schmelzen lassen und auf dem Winterfeldplatz sah man vor lauter aufgespannten Regenschirmen keinen einzigen Menschen. Sie hatten Matilda und Esther Ronny vorstellen wollen, aber Esther war nicht da und Matilda interessierte sich nicht für den Welpen.

»Schön, ja, findest du?« Matilda zupfte sich nervös an den langen blonden Locken, die sich in einer riesigen Welle um ihren Kopf legten.

»Absolut«, bestätigte Idi und versteckte wie Elli jetzt auch ihre gekreuzten Finger hinter ihrem Rücken. Elli und Idi grinsten sich an. Matildas Frisur sah aus wie die Mähne von Apple Jack aus *My Little Pony*. Irgendwie verrückt, dachte Elli. Aber das würde sie ihrer Oma natürlich nie sagen.

Esther hatte immer noch ihren messerscharfen schwarzen Bob, aber Matilda ließ sich von Elli und Idi täglich neue Frisuren hexen.

»Ach, ich finde es auch richtig schön so. Danke, ihr Lieben.«

Matilda lächelte und wurde rot. Elli lächelte zurück. Wie gerne sie Oma Tilda inzwischen mochte!

Matilda schien es genauso zu gehen, denn sie sagte: »Wenn ich dich nicht hätte, Elli – und dich natürlich auch, meine liebe Idi – dann müsste ich ...«

»... dann müsstest du zu einem richtigen Friseur gehen«, vervollständigte Idi grinsend Matildas Satz.

Matilda lachte mit. Wenn ihre strenge Zwillingsschwester nicht da war, konnte sie eine richtig coole Oma sein.

»Wollen wir uns Eis herzaubern?«, schlug Idi vor und kraulte Ronny, die zu ihren Füßen auf dem Boden lag, hinter den Ohren. »Ich hab Lust auf ein riesengroßes Himbeereis!«

»Und ich auf Karamelleis«, seufzte Tilda sehnsüchtig. »Mit Erdbeersauce. Und Schirmchen.«

Idi und Elli tauschten einen Blick und schon hatte Matilda einen riesengroßen Karamelleisbecher mit Schirmchen und Glitzerpalme vor sich stehen. Idi hatte ihren Himbeereisbecher in der Hand, und Elli nahm den ersten Löffel von ihrem Oreo-Eis.

Am Anfang, als sie das Zaubern noch lernen mussten, wurde es immer dunkel oder kalt, wenn sie mit Hilfe der Magie Kräfte aus den Elementen zum Hexen zogen. Aber inzwischen beherrschten sie die Elemente, die ihnen anvertraut waren, perfekt. Niemand bemerkte mehr, wenn sie etwas so Einfaches wie Eiscreme herzauberten.

»Ebenso einfach wie köstlich.« Idi hatte anscheinend mal wieder Ellis Gedanken erraten.

»Wo ist eigentlich Tante Esther?«, erkundigte sich Elli, während sie Ronny heimlich unter dem Tisch ihre Eiswaffel zuschob.

»Ach die, die ist im Krankenhaus bei dem Sautertopf und liest ihr vor«, seufzte Matilda. »Mal wieder eine von ihren verrückten Ideen.«

»*Was* macht Esther?«

Elli wäre fast ihr Eis samt Löffel in den Schoß gefallen. Sie konnte es gerade noch in der Luft aufhalten, wo Idi es sich schnappte und den Rest aß. Ihr Becher war bereits leer.

»He, nicht lustig!«, beschwerte sich Elli, aber sie lachte dabei.

»Warum macht sie das? Frau Sauter vorlesen, meine ich.« Idi stopfte sich fröhlich das Eis in den Mund. »Ich dachte, die kann die Sauter noch weniger leiden als wir.«

Frau Sauter war Ellis Klassenlehrerin. Also eigentlich war sie früher ihre Klassenlehrerin gewesen, denn nach ihrem Unfall auf dem Sommerfest vor anderthalb Jahren hatte sie erst monatelang im Krankenhaus gelegen und nun war sie in einer Reha-Klinik. Elli lief es immer noch eiskalt den Rücken runter, wenn sie daran dachte, was damals passiert war. Schnell schob sie den Gedanken beiseite.

»Ach, ich weiß auch nicht, was sie da will«, sagte Matilda. Doch dann schien es ihr wieder einzufallen. »Ach ja, so war es: Die haben ihr in der Klinik gesagt, dass Frau Sauter schneller wieder gesund wird, wenn man sich um sie kümmert.«

»Vom Vorlesen gesund werden?«

Man merkte, wie verrückt Idi das fand. Aber Elli gefiel die Vorstellung, dass das Lesen einen heilen konnte.

»Esther hat gesagt, dass sie es keinen Tag länger ohne ihre Zauberkräfte aushält. Frau Sauter muss jetzt endlich gesund werden«, erklärte Matilda.

»Aha, daher weht also der Wind!«, sagte Idi nur. »Keine selbstlose Vorlese-Oma.«

»Unter uns gesagt ...« Matilda senkte ihre Stimme, als würde sie ein großes Geheimnis verraten. »... ich glaube, sie langweilt sich schrecklich ohne das Hexen.«

»Kann ich mir gut vorstellen, mir haben meine Zauberkräfte auch gefehlt, wenn ich in Hamburg war ohne Elli. Ganz schrecklich ist das, wenn man nicht mehr hexen kann, weil man alleine ist«, seufzte Idi.

»Du bist nicht mehr alleine!«

Elli drückte Idis Hand. In den letzten zweieinhalb Jahren war unendlich viel passiert. Elli und Idi hatten sich nach zehn Jahren zufällig kennengelernt. Dabei hatten beide sofort gemerkt, dass sie zaubern können, wenn sie zusammen sind. Und schließlich hatten sie erfahren, dass sie aus einer uralten Hexenfamilie stammen, in der alle Zwillingsmädchen magische Kräfte haben. Inzwischen wussten sie auch, dass es noch mehr Hexenfamilien gibt.

»Erzähl uns was von der Hexenwelt, Oma Tilda«, bat Elli. »Du kennst dich doch sicher gut aus da, oder?«

»Oh ja, bitte, Oma Tilda. Das ist so spannend!« Idi zog ihren Stuhl näher an Matildas heran. Ronny sprang mit einem Satz auf Idis Schoß und machte es sich dort gemütlich, als wollte auch sie zuhören.

»Ach, die Hexenwelt, was soll ich euch da groß erzählen?«, zierte sich Matilda und zupfte an den goldenen Locken herum, als sei sie verlegen. Aber an dem entzückten Grinsen in ihrem Gesicht konnte man sehen, wie sehr es ihr gefiel, dass ihre Enkelinnen sie um eine Geschichte baten.

»Na, zum Beispiel, wie viele Hexen du kennst und wo du sie kennengelernt hast«, schlug Elli vor.

»Tja, wie viele werden das sein? Esther wüsste das natürlich alles ganz genau ...« Matilda seufzte.

»Wir wollen aber, dass du uns davon erzählst«, verlangte Idi. »Du kannst viel besser erzählen als Esther. Du bist ja auch eine richtige Oma und Esther nur eine ...« – Idi machte eine Pause und überlegte – »... verschwisterte Halb-Oma oder äh ... was auch immer.« Sie lachte. Ihr fiel einfach keine Bezeichnung für ihre Verwandtschaft mit Esther ein.

»Verschwisterte Halb-Oma. Lass das bloß nicht Esther hören.« Man sah Matilda an, dass auch sie ein Grinsen unterdrücken musste. Gleichzeitig schaute sie sich nervös um, als ob Esther jederzeit hinter ihr auftauchen könnte.

»Oma Tilda«, sagte Idi streng. »Esther hört mich nicht. Sie ist in der Klinik und liest vor. Sie hat keine Zauberkräfte und kann nicht plötzlich aus dem Nichts hier erscheinen. Bitte erzähl uns was von der Welt der Hexen.«

»Wenn du meinst ...« Matilda ließ sich gerne überreden. »Also, wenn ihr es unbedingt von mir hören wollt.« Sie wurde rot, räusperte sich und setzte sich gerade hin. Dann nahm sie ihre Finger und zählte ein paarmal umständlich darauf herum. Elli merkte, dass Idi schon ganz hibbelig wurde, als Matilda plötzlich loslegte und wie ein Lexikoneintrag klang: »Es gibt einhundertelf Hexenfamilien auf der Erde. Die meisten von ihnen wohnen in Europa. Ein paar sind in Amerika, Kanada und einige wenige in Australien, Afrika und Asien. Ihren Ursprung haben sie ...«

Matilda schien weiter ihren Vortrag halten zu wollen, aber Idi war viel zu unruhig, um lange zuzuhören. »Was? Einhundertelf Hexenfamilien?«, unterbrach sie Matilda. »So viele?«

»Wie viele davon kennst du denn?« Auch Elli war schrecklich neugierig.

»Alle natürlich!« Matilda klang beleidigt. »Auf dem Blocksberg haben wir uns immer getroffen. Ach, ich würde gerne noch einmal dorthin fliegen. So wie wir es früher immer gemacht haben. Als Matea und Eva noch klein und lieb waren.«

»Ihr wart alle zusammen auf dem Blocksberg? Als Familie? Mit den Kindern?« Idi fielen fast die Augen aus dem Kopf. »Das will ich auch!«

»Oh, ja, ich auch«, seufzte Elli sehnsüchtig. Was für eine Vorstellung, mit Mama und Eva und Idi und allen anderen Hexen die ganze Nacht durchzufeiern. »Das willst du doch auch, oder, Oma Tilda?«

»Ach, ihr beiden!« Matildas Augen glänzten. »Das war immer das schönste Fest des Jahres. Schöner als Weihnachten und Geburtstag an einem Tag. Es werden riesige Feuer am Blocksberg angezündet, alle Hexen sind da und fliegen und tanzen durch die Luft! Die Nacht wird zum Tag und niemand schläft auch nur eine einzige Sekunde.«

Matilda strahlte über das ganze Gesicht, als sie davon erzählte.

»In dem Jahr, in dem ihr beiden geboren wurdet, da waren Esther und ich zum letzten Mal da. Dreizehn Jahre ist das her. Seitdem wollte Esther nicht mehr hingehen. Weil sie sich geschämt hat. Wisst ihr?«

Ja, sie wussten, dass Esther sich geschämt hatte. Das hatte ihnen Matilda schon ein paar Mal erzählt. Alle Zwillingsschwestern der Familie Schick waren Hexen, deren magische Kräfte sich nur entfalteten, wenn sie zusammen waren. Genau deshalb hatten ihre Eltern sie damals getrennt. Ein paar Monate nach ihrer Geburt hatten sie entschieden, dass Elli und Idi als normale Mädchen aufwachsen sollten. Und Esther war empört gewesen. Hexenmädchen zu trennen, was für eine schreckliche Idee!

Das war einer der wenigen Punkte, in denen Elli und Esther sich einig waren. Es war ein Fehler gewesen, dass ihre Eltern sie beide getrennt hatten.

»Ich hab's«, unterbrach Idi Ellis Gedanken. »Lasst uns dieses Jahr zusammen hinfliegen!«

Matilda schüttelte den Kopf. »Denkt ihr, dass ich so zum Blocksberg fliege, wenn ich mir noch nicht mal einen Popel aus der eigenen Nase hexen kann? Ganz bestimmt nicht.«

Idi kicherte wild bei der Vorstellung, dass sich Oma Tilda einen Popel aus der Nase hexte. Aber es stimmte natürlich. Weil Esther und Matilda schuld am Unfall von Frau Sauter gewesen waren, hatten beide ihre Kräfte verloren. Erst wenn es Frau Sauter wieder besser ginge, würden die beiden wieder zaubern können.

»Oma Tilda!« Elli setzte sich auf den Boden vor Matildas Stuhl und griff nach ihrer Hand. »Oma Tilda, die nächste Walpurgisnacht ist erst in drei Monaten. Was wäre denn, wenn Frau Sauter dann wieder gesund wäre?«

»Tja, das wäre schön.« Matilda lächelte. »Aber nur von Esthers Vorlesen wird das sicher nicht passieren. Unter uns: Sie kann noch nicht mal besonders gut vorlesen!«

Plötzlich hatte Elli eine Idee.

»Oma Tilda, hör mir mal zu. Idi und ich helfen mit, dass Frau Sauter wieder gesund wird. Wir gehen mit ihr spazieren. Wir nehmen Ronny mit. Die muss auch viel spazieren gehen. Wir besuchen Frau Sauter und helfen ihr bei allem.«

»Wer ist denn Ronny? Und was soll das Ganze?«

Matilda verstand offensichtlich nicht, worauf Elli hinauswollte. Hilfesuchend blickte Elli zu Idi, aber die zuckte auch nur ratlos mit den Schultern.

Elli seufzte: »So schwer ist das doch nicht zu verstehen. Je schneller sie gesund wird, desto eher hast du deine Zauberkräfte wieder.«

»Und das ist Ronny!«, sagte Idi und zeigte auf den Hund auf ihrem Schoß, aber Matilda schaute gar nicht hin.

»Hm, das stimmt natürlich.« Sie schien zu überlegen.

»Wenn wir es schaffen, Frau Sauter bis zur Walpurgisnacht gesund zu pflegen, dann versprichst du, mit uns auf den Blocksberg zu gehen. Okay?«, fragte Elli beschwörend.

»Super Idee!«, rief Idi. »Wieso sind wir da nicht schon längst drauf gekommen?«

»Lust hätte ich ja schon«, murmelte Matilda halblaut vor sich hin. »Endlich mal wieder auf den Blocksberg, feiern, Familie und alte Freundinnen treffen ...«

»Dann schlag ein«, sagten Elli und Idi wie aus einem Munde und streckten Matilda ihre Hände entgegen.

Immer noch zögernd streckte Matilda langsam beide Hände aus und ergriff schließlich mit der einen Ellis und mit der anderen Idis Hand.

»So machen wir es!« Sie drückte ihre Hände sehr fest. Auf einmal wirkte sie gar nicht mehr unsicher. »So machen wir es«, sagte sie noch einmal. »Und wenn ich meine Kräfte zurückhabe, dann entscheide ich ein paar Dinge. Ohne andere Personen nach ihrer Meinung zu fragen. So wird es sein.«

Elli und Idi blinzelten sich zu. Welche Person im Besonderen nicht nach ihrer Meinung gefragt werden sollte, wussten beide.

»So machen wir es, Oma Tilda«, sagte auch Elli. »Wir kümmern uns um Frau Sauter: großes Hexenehrenwort. Und dann fliegen wir dieses Jahr zu viert zum Blocksberg.«

»Vielleicht sogar zu sechst«, rief Matilda, die sich schon jetzt zu freuen schien. »Meine Töchter, meine Enkeltöchter, Esther und ich. Andere Familien verreisen doch auch zusammen!«

Elli und Idi konnten sich ein Lachen kaum verkneifen. Matilda war süß, wenn sie begeistert war.

»Sobald ich meine Kräfte wiederhabe, geht hier auch endlich der Hexenunterricht los!« Matilda haute mit der Faust auf den Tisch, um gleich darauf »Aua!« zu rufen und sich die Hand zu reiben.

»Sehr gut, Oma Tilda«, lobte Elli. Dabei dachte sie insgeheim, wie gut es gewesen war, dass Matilda und vor allem Esther eine Weile keinen Unfug hatten hexen können.

3

# Haltet den Dieb!

»Das müsst ihr euch ansehen!«

Idi zeigte auf den Rechner, der vor ihr auf dem Schreibtisch stand. Elli und Philip beugten sich über sie, um besser sehen zu können. Seit Tagen hatten sie sich schon verabreden wollen, um nach Ronnys Besitzer zu suchen. Aber Philip hatte ständig eine Ausrede gehabt. Immer hatte es einen Grund gegeben, warum es ihm gerade nicht passte. Nur heute war ihm nichts mehr eingefallen. Also hatten sie nach der Schule Ronny abgeholt und waren zu Idi nach Hause gegangen. Bei Philip wollten sie nicht bleiben. Je weniger Philips Eltern von Ronny mitbekamen, desto besser. Sie waren nicht gerade begeistert von dem Familienzuwachs.

»Schaut doch mal! Ich hab nur ›Rhodesian Ridgeback‹ und ›vermisst‹ eingegeben und schon hatte ich Hunderte von Treffern«, sagte Idi aufgeregt.

»Toll«, brummte Philip. »Das können uralte Seiten sein. Oder Vermisstenanzeigen aus ganz Deutschland. Das muss mit Ronny überhaupt nichts zu tun haben.«

Philip hatte sich mit der Hündin auf Idis Couch gesetzt und spielte mit ihren Schlappohren, während Ronny versuchte, ihre kleinen spitzen Zähne in seinen Daumen zu graben.

»Hab ich mir doch genau angeschaut!« Beleidigt drehte sich Idi wieder zu ihrem Computer um. »Ich hab natürlich ›Berlin‹ dazugeschrieben.«

»Und?« Elli war neugierig geworden. »Werden Hunde vermisst?«

»Hörst du mir nicht zu? Das habe ich doch gerade gesagt!«, antwortete Idi. »Ganz viele sogar. Alles Rassehunde, steht extra immer dabei. Rhodesian Ridgebacks und Windhunde und ein paar, die Podenco Mix heißen. Habe ich noch nie gehört, aber die sehen auch sooo süß aus!«

»Echt? Lass mal sehen.« Elli lehnte sich weiter vor. »Oh, total!«, sagte sie in der nächsten Sekunde und betrachtete verliebt die Bilder der süßen kleinen Hunde, die Idi gerade gegoogelt hatte.

»Da, schaut mal, da gibt es sogar eine Belohnung für Hinweise zum Diebstahl einer prämierten Zuchthündin. Tausend Euro zahlen die, wenn sie den Hund zurückbekommen.«

»Tausend Euro? Oh ha!« Elli sah sich die Anzeige genauer an. »Aber das ist nicht in Berlin. Passau steht hier. Das ist ewig weit weg!«

»Okay, stimmt«, gab Idi zu. »Aber hier, schau mal auf die anderen Seiten. Das ist alles Berlin.«

»Und sind das Welpen, die vermisst werden?«, fragte Philip missmutig.

»Nee, eben. Welpen nicht. Niemand vermisst einen Rhodesian Ridgeback-Welpen. Das hätte ich dir doch sofort gesagt.«

»Umso besser!«, murmelte Philip. Auf keinen Fall wollte er Ronny wieder hergeben.

»Naja«, meinte Elli. »Niemand vermisst einen Rhodesian Ridgeback-Welpen im Internet. Kann doch sein, dass Zettel an Bäumen hängen oder im Supermarkt oder so. Vielleicht haben die Besitzer auch im Tierheim angerufen, ob da ein Welpe abgegeben wurde.

Irgendjemand muss ihn doch vermissen. Wie kommt so ein kleiner Hund, der noch bei seiner Mutter sein müsste, an einen Ort wie die Kiesgrube?«

»Wir können doch Zettel aufhängen, dass wir sie gefunden haben!«, fiel Idi ein.

»Spinnst du?« Philip war sauer. »Hast du nicht gehört, was Eva gesagt hat? Dass die richtig teuer sind? Belohnungen werden für die gezahlt. Da kann sich ja jeder melden und behaupten, dass es sein Hund ist. Einfach so. Dann nimmt er sie uns weg und verkauft sie bei Ebay!«

Stimmt, dachte Elli. Bei Ebay konnte man Sachen verkaufen, die man selbst nicht mehr brauchte. Vielleicht auch Hunde?

»Sorry«, sagte Idi kleinlaut. »Das war eine doofe Idee von mir.«

»Saudoof«, bestätigte Philip. Elli sah Idis unglücklichen Blick.

»Trotzdem müssen wir rausfinden, ob sie vermisst wird!« Elli wollte Philip nicht ärgern, aber schließlich ging es um Ronny.

»Eva sagt, sie ist nicht mal einen Monat alt. Vier Wochen sollte sie noch bei ihrer Mama sein! Wir müssen den Besitzer zumindest suchen.«

Traurig blickte Philip auf die kleine Ronny in seinem Schoß, die jetzt vergnügt auf ihrer Kuscheldecke herumkaute. Er schwieg einen Moment lang, aber dann stimmte er Elli zu: »Es wäre gemein von uns, es nicht wenigstens zu versuchen.«

Elli schaute Philip an. Sie konnte sich vorstellen, wie schwer es ihm gefallen sein musste, das zu sagen.

»Dann lasst uns schauen, ob hier in der Gegend Suchanzeigen in den Läden oder an Bäumen hängen. Schließlich haben wir sie nicht weit von hier gefunden. Ronny nehmen wir mit. Vielleicht erkennt sie auch jemand, ohne dass wir etwas sagen«, schlug Idi vor und die anderen stimmten ihr zu.

Elli setzte sich neben Philip und streichelte Ronny. Ein bisschen streichelte sie auch Philips Hand zum Trost. »Wir machen ihr ein kuscheliges Nest in meinem Fahrradkorb«, bot sie an. »Dann hat sie es warm und gemütlich, während wir ihre Mama suchen.«

»Lasst uns gleich gehen.« Philip stand entschlossen von der Couch auf. »Je eher wir es hinter uns haben, desto besser.«

»Okay, das passt. Um fünf muss ich zum Training«, sagte Elli. »Ich hab meine Schwimmsachen schon dabei.« Zum Beweis hob sie ihren Schwimmbeutel hoch.

Idi suchte ein paar kleine Kissen in ihrem Zimmer zusammen. Gemeinsam holten sie Ellis Fahrrad aus dem Schuppen im Nachbarhaus und bereiteten Ronny im Korb am Lenker ein gemütliches, warmes Bettchen. Über die breiten Alleen des Westends gingen sie in Richtung Reichsstraße, wo die meisten Geschäfte der Gegend waren. Es war ein weiterer grauer Februartag, der gut zu ihrer Stimmung passte. Philip schob Ellis Fahrrad mit Ronny, Elli und Idi gingen hinterher. Aber wohin sie auch schauten, sie sahen keine Zettel, weder in den Seitenstraßen noch entlang der großen Einkaufsstraße. In der Buchhandlung hing nur das Foto einer vermissten Katze. Bei Rewe am schwarzen Brett wurden ein Hamster und zwei Zwergkaninchen zum Verkauf angeboten. Und als sie beim Bäcker fragten, ob jemand einen Welpen suchte, erfuhren sie, dass eine Frau ihren Papagei vermisste.

»Wie verliert man denn einen Papagei?«, wunderte sich Idi. »Werden denen nicht die Flügel gestutzt?«

»Keine Ahnung!« Die Bäckerin wusste es auch nicht und schenkte allen einen Ampelmännchen-Keks.

»Jetzt muss ich leider los«, sagte Elli, als sie wieder aus der Bäckerei herausgekommen waren. »Ihr könnt ja noch alleine weitermachen!«

Aber Philip und Idi wollten lieber nach Hause. Idi fror und Philip war hungrig. Doch plötzlich blieb ein Mann neben ihnen stehen und schaute in den Fahrradkorb. Schon bevor sie ihn gesehen hatte, hatte Elli ihn gerochen. Er stank nach Zigaretten und irgendeinem komischen Parfüm.

»Wat habt'n ihr da?« Er beugte sich runter und glotzte Ronny in ihrem Körbchen an. »Dit is ja 'n Ritschbäck! Oder wat is dit?«

Ronny schien den Gestank auch zu bemerken, denn sie vergrub ihre Nase, mit der sie gerade noch vergnügt in der Luft herumgeschnuppert hatte, wieder tief in ihrer Kuscheldecke.

Elli, Idi und Philip starrten den Mann an. Er war groß und seine gelblichen Haare hingen in langen, dünnen Strähnen auf seine Schultern. Trotz der Kälte trug er seinen grauen Mantel offen. Im Mundwinkel hatte er eine Zigarette, deren Asche überall auf ihm verteilt war.

Ohne die Antwort der Kinder abzuwarten, griff der Mann in den Fahrradkorb und hob Ronnys Decke hoch.

»Ritschbäck. Sag ick doch!« In seiner Stimme klang Triumph mit. »Wat wollt'n ihr für den?«

»He, lassen Sie das!« Idi nahm dem Mann Ronnys Decke weg. Elli war stolz auf ihre Schwester. Sie hätte sich nie getraut, das zu dem Mann zu sagen.

Aber der Typ war überhaupt nicht beeindruckt, er lachte nur, wobei es eher wie ein heiseres Krächzen klang. Prompt verschluckte er sich, hustete und spuckte einfach auf den Boden. Dann warf er die Zigarette hinterher und griff in seine Hosentasche. »Ick hab doch hier irjendwo ...«, nuschelte er, während die Kinder ihn immer noch entgeistert anstarrten.

Er kramte in der Tasche rum, während Philip versuchte, das Fahrrad um ihn herum zu lenken. Aber der Mann versperrte ihm den Weg.

»Kommt schon. Jeld kann jeder jebrauchen. Wat solla nu kosten?« Wieder lachte und hustete und spuckte er.

Philip schnappte sich die Decke von Idi und packte Ronny wieder fest ein. »Nichts wollen wir für sie. Sie ist nicht zu verkaufen«, schnauzte er den Mann an.

»Dit werd'n wa ja sehn ...«, sagte der Mann und grinste breit. Seine Zähne waren genauso gelb wie seine Hände und einer seiner Schneidezähne fehlte.

Elli hatte sich noch nie in ihrem Leben so vor jemandem geekelt. Jetzt beugte sich der Mann auch noch ganz nah zu Philip herunter. Er hatte endlich gefunden, was er in seiner Tasche gesucht hatte, und wedelte mit drei Zwanzig-Euro-Scheinen vor Philips Gesicht hin und her. Dabei fiel ihm ein kleiner türkisfarbener Zettel runter, den er achtlos mit dem Fuß wegtrat.

»Zwanzig Euro für jeden von euch kleene Hosenscheißer. Da jeht doch wat ...«

»Verschwinden Sie«, schimpfte Philip.

Einen Moment schien der Mann zu zögern, aber dann grinste er plötzlich. »Dit is natürlich ooch 'ne Idee«, sagte er und ehe sie sich versahen, hatte er Ronny aus dem Körbchen geschnappt und war mit ihr losgerannt.

»Nein«, schrie Philip und beim Klang seiner Stimme lief es Elli kalt den Rücken herunter. Starr vor Schreck beobachtete sie, wie Philip auf das Rad sprang, um die Verfolgung aufzunehmen. Aber er kam nicht durch. Genau in diesem Moment hatte der 349-er Bus gehalten und eine Gruppe von Schülern rannte ohne nach links oder rechts zu schauen über den Gehweg auf die Bäckerei zu. Im Nu hatte der ekelige Typ Philip und Idi, die laut schimpfend versuchten, sich einen Weg durch die Gruppe zu bahnen, abgehängt.

Ellis Herz klopfte ihr bis zum Hals. Auf keinen Fall durften sie Ronny so verlieren! Diesem Mann gehörte sie nicht, das war klar. Und unter keinen Umständen durfte er den Welpen behalten. Elli löste sich aus ihrer Starre, aber noch bevor sie loslaufen konnte, war der Mann schon um die Ecke der Ahornallee verschwunden. Als Elli ebenfalls um die Ecke bog, prallte sie mit Idi zusammen, die dort neben Philip stehen geblieben war. Jetzt beobachteten alle die Szene, die sich dort abspielte. Eine große Frau mit langen blonden Haaren hatte sich dem Hundedieb in den Weg gestellt.

»Ich glaube, Sie haben da was, das ihnen nicht gehört«, sagte sie mit einer Stimme, die Elli auch dann sofort erkannt hätte, wenn sie die Frau nicht schon längst gesehen hätte.

Glücklich beobachtete sie, wie ihre Mutter Ronny dem Dieb ohne ein weiteres Wort aus dem Arm nahm.

Oh, ich bin so froh, dass Mama da ist, dachte Elli.

»Verschwinden Sie, bevor ich die Polizei rufe!«, sagte Matea in einem Ton, der das Wasser des Roten Meeres hätte zufrieren lassen. Erleichtert sah Elli, wie der Mann wegrannte. Dann kam Matea auch schon mit Ronny im Arm auf die Kinder zu.

»Danke, Mama!«, riefen Elli und Idi und umarmten ihre Mutter.

»Danke, Matea!« Philips Stimme klang ganz rau. »Wie gut, dass du gerade da warst, sonst wäre der abgehauen mit Ronny!«

Elli überlegte, ob Philip ihn auf dem Fahrrad hätte einholen können, wenn sie ihm einen Weg gebahnt hätte. Oder ob sie mit ihren Zauberkräften auf eine andere Art hätte verhindern können, dass der Typ mit Ronny verschwand.

Aber ihre Angst hatte sie gelähmt. Je größer ihre Angst war, desto schwächer waren ihre magischen Kräfte. Das war etwas, das sie nicht im Griff hatte. Wenn sie nur ein bisschen mutiger wäre, so wie Idi und Philip.

»Was war denn mit dir los?«, fragte Idi vorwurfsvoll. »Ich wollte Ronny zurückzaubern in ihr Körbchen zuhause, aber ich konnte es nicht alleine. Es war, als wärst du gar nicht da!«

Elli spürte, wie sie rot wurde. Sie hatte Philip und Idi im Stich gelassen. Wenn Matea nicht gekommen wäre, hätten sie ihren Hund verloren. Erst hatte sie darauf bestanden, Ronnys Mama zu suchen, und dann hatte sie es nicht geschafft, ihren kleinen Welpen vor diesem ekelhaften Typen zu beschützen.

»Ist ja noch mal gut gegangen. Kommt, wir gehen nach Hause«, beschwichtigte Matea, die sah, wie Elli litt. Sie setzte Ronny wieder in den Korb und begann, das Rad in Richtung Zuhause zu schieben.

»Ich muss jetzt zum Schwimmen! Ich bin schon so spät dran«, fiel Elli plötzlich ein.

Philip drehte sich um und starrte Elli an: »Jetzt gehst du schwimmen? Bist du irre? Nach dem, was gerade passiert ist?«

Aber Elli hatte sich schon die ganze Woche darauf gefreut. Aufs Schwimmen und darauf, Mark im Schwimmbad zu sehen. Das war der einzige Ort, an dem sie Mark noch traf, seitdem ihr Vater sich von seiner Mutter getrennt hatte.

»Lass sie gehen«, hörte sie Idi sagen, »die ist verknallt in Mark.«

»So ein Quatsch«, antwortete Philip, aber Elli war sich nicht sicher, wer von beiden Recht hatte. Sie drehte sich um und lief langsam die Reichsstraße runter, während die anderen weiter die Ahornallee entlang in Richtung Eichkampsiedlung nach Hause gingen.

Elli lief mit dem Blick auf den Boden gerichtet zurück in Richtung Kaiserdamm. Während sie überlegte, wie sie es schaffen könnte, ihre Ängste besser in den Griff zu bekommen, sah sie plötzlich einen türkisfarbenen Zettel. Hatte den nicht der Mann vorhin fallen lassen? Gedankenverloren hob sie den Zettel auf und schaute ihn an. Es standen Zahlen darauf. Waren das vielleicht Preise? Preise für sauteure Hunde? Ob der Typ irgendetwas mit dem Verschwinden von Rassehunden in Berlin zu tun hatte? Hatte er deshalb erkannt, dass Ronny ein Rhodesian Ridgeback war? Elli drehte den Zettel um. Er war nicht komplett, die Hälfte fehlte und sie verstand nicht, worum es ging. Die Zahlen darauf waren abwechselnd türkis und blau und standen in Reihen untereinander. Wie Preise sahen sie eigentlich nicht aus. Was konnte das nur sein? Sie dachte noch eine ganze Weile darüber nach, aber schließlich steckte sie ihn in ihre Hosentasche.

Sobald sie Mark vor der Tür des Schwimmbads entdeckt hatte, lief sie zu ihm hin und erzählte ihm die ganze Geschichte. Von Ronny, die sie in der Kiesgrube gefunden hatten und von dem seltsamen Typ, der sie ihnen hatten klauen wollen. Und auch, dass sie Tante Eva versprochen hatten, Ronnys Besitzer zu suchen.

»Krass!« Mark öffnete die Tür zum Schwimmbad für Elli. »Ich helfe euch natürlich«, rief er noch über seine Schulter, als er schon den halben Gang zur Umkleide der Jungen heruntergelaufen war.

# Frau Sauters Geheimnis

»Ich hab keine Lust zu den Omas zu gehen«, murmelte Idi verschlafen.

»Los jetzt! Komm!« Elli zog an Idis Bettdecke.

»Mann, lass das!« Idi verkroch sich nur noch tiefer in ihre Kissen. »Frau Wiegand hat mir morgens immer Pfannkuchen ans Bett gebracht!«, hörte Elli ihre Stimme unter der Decke.

»Frau Wiegand, Frau Wiegand«, schimpfte Elli lachend, »die ist wieder in Hamburg. Weißt du doch.«

»Leider!« Endlich setzte sich Idi im Bett auf. Frau Wiegand war die Zugehfrau, die sich früher um Idi gekümmert hatte.

»Wir fliegen jetzt zu Oma Tilda und Esther!«, bestimmte Elli. Wir haben versprochen, uns auch um Frau Sauter zu kümmern und die beiden müssen uns sagen, wo sie ist. Du willst doch auf den Blocksberg, oder?«

»Natürlich will ich auf den Blocksberg!« Jetzt war Idi hellwach. »Komm schnell!«, rief sie aufgeregt und war schon zum Fenster gelaufen.

»Im Schlafanzug?«, grinste Elli.

»Ich bin ja so doof!«, stöhnte Idi und schlüpfte schnell in ihre Jeans und ihre orange Lieblingsjacke.

Als sie wenig später in Matildas und Esthers Wohnung in der Maaßenstraße gelandet waren, hatte Tilda schon wieder vergessen, was sie den Mädchen ein paar Tage zuvor versprochen hatte.

»Zum Blocksberg! Als ob das so einfach wäre!«, schnaubte Esther, die gerade aus der Küche kam.

»Ich kann mir noch nichtmal ein Sandwich aus dem Kühlschrank auf meinen Teller hexen, wie soll ich da zum Blocksberg fliegen?«

Elli seufzte. Sie kam einfach nicht zu Wort. Wie sollte sie da den Omas erklären, dass sie genau deshalb hier waren?

»Sag doch was, Esther, wenn du Hunger hast«, säuselte Matilda. »Das können die Mädchen doch für dich machen.« Sie stieß Idi mit dem Ellenbogen in die Seite.

Idi verdrehte entnervt die Augen, aber sie zauberte brav ein köstlich duftendes, überbackenes Käse-Sandwich mit kleinen Gürkchen auf den Esstisch.

»Das könnt ihr euch sparen. Ich habe mir doch gerade was geholt«, knurrte Esther ihre Zwillingsschwester an. Sie setzte sich hin und knallte ihren Teller, auf dem ein Toastbrot mit grell rosa Salamischeiben lag, auf den Tisch.

»Willst du denn nicht lieber…?«, flötete Matilda und schob das Käse-Sandwich zu Esther, aber die knurrte nur noch mal böse.

»Ich geh zu Gerlinde«, verkündete sie, nachdem sie einmal von ihrem Salamitoast abgebissen und ihn dann angewidert zurück auf den Teller geschmissen hatte.

Matilda seufzte und sagte: »Das ist eine gute Idee. Grüß Frau Sauter schön von mir.«

»Du könntest dich ruhig auch ein bisschen um sie kümmern«, fauchte Esther.

»Warte!« Elli stand auf. »Wir kommen mit!«

Aber Esther hörte ihr gar nicht zu.

Sie warf sich einen Poncho mit Schottenmuster über, setzte eine seltsame karierte Mütze auf und kam in die Küche zurück, um die Tür vorwurfsvoll zuknallen zu können.

»Goodbye!«, rief sie vom Flur, bevor sie auch die Haustür donnernd zufallen ließ.

»Goodbye?«, fragte Idi.

»England ist ihr neuester Tick«, sagte Matilda, als sie Esther die Holzstufen runterpoltern hörten. »Sie will, dass wir dahin ziehen, sobald sie wieder richtig hexen kann. Am liebsten würde sie sofort abhauen, aber jetzt geht es ja noch nicht. Noch braucht sie euch, damit ihr für sie hexen könnt.«

»Ihr wollt nach England ziehen?« Idi klang erfreut. Aber Elli freute sich nicht. Sie hatte Matilda im letzten Jahr richtig liebgewonnen und wollte sie nicht schon wieder verlieren.

»Du musst doch nicht mit Esther nach England gehen«, sagte sie.

»Natürlich muss ich das«, antwortete Maltida. »Ich trenn mich doch nicht von Esther. Wir sind Hexenzwillinge, wir gehören zusammen.«

»Auch wenn Esther ein echter Stinkstiefel ist«, seufzte Idi.

Matilda kicherte. Sie liebte es, wenn Idi freche Sachen über Esther sagte. Sie selbst traute sich das nicht. Schließlich war Esther die ältere Schwester. Ganze fünf Minuten älter.

»Auch wenn sie ein Stinkstiefel ist«, wiederholte Matilda. Aber das »Stinkstiefel« sagte sie nur ganz leise. Dann fügte sie hinzu: »Ich kann trotzdem nicht ohne sie sein. Wenn ich alleine zaubern könnte, wie du, Elli, dann vielleicht, aber so ...«

Elli schnappte sich den Teller mit dem Käse-Sandwich. »Darf ich?«, fragte sie. Sie wollte ganz schnell das Thema wechseln.

Dass sie die einzige Hexe der ganzen Familie war, die auch ohne ihre Zwillingsschwester zaubern konnte, war ihr unheimlich.

»Gerne«, sagte Matilda. »Iss nur. Bevor es kalt wird.«

»Köstlich«, verkündete Elli mit vollem Mund.

»Was ist denn nun mit dem Blocksberg?«, fragte Idi ungeduldig.

»Ach, der Blocksberg. Wie war das schön da! Ich würde auch so gerne hinfliegen!« Matilda stützte ihren Kopf theatralisch in ihre Hände. Ihre Augen bekamen einen verträumten Ausdruck.

Elli stöhnte innerlich. An dem Punkt waren sie schon mal gewesen. Jetzt wurde es endlich Zeit, etwas dafür zu tun.

»Idi und ich wollen auch zu Frau Sauter gehen. Wir wollen helfen, sie gesund zu pflegen, damit wir alle gemeinsam zum Blocksberg fliegen können.«

»Vielleicht hast du recht. Wir sollten das dieses Jahr noch machen«, überlegte Matilda. »Wer weiß, wohin es mich im nächsten Jahr verschlägt?«

Wohin Esther dich im nächsten Jahr treibt, dachte Elli, aber sie sagte es nicht laut.

»Wir machen es«, riss Matilda Elli aus ihren Gedanken. »Wir fliegen zum Blocksberg. Wenn ich bis Ende April meine Kräfte wiederhabe, fliegen wir dorthin und feiern zusammen. Ich rede mit eurer Mutter und eurer Tante.«

»Und mit Papa.« Idi stopfte sich den Rest von Ellis Käse-Sandwich in den Mund. Aber Matilda machte eine wegwerfende Handbewegung. In den Augen von Esther und Matilda hatte ein Mann nichts zu sagen. Schon gar nicht, wenn es darum ging, ob Hexenmädchen zum Blocksberg fliegen dürfen oder nicht.

»Dann muss Frau Sauter aber nun endlich wieder gesund werden«, sagte Matilda. »Eigentlich hattet ihr zwei versprochen, ihr dabei zu helfen!«

Na, endlich, dachte Elli. Zu Matilda sagte sie. »Genau. Und du kommst auch mit!«

»Nur, wenn wir fliegen«, bettelte Matilda.

»Na, schön«, stimmte Elli zu.

Idi holte Jacke und Mütze für Matilda aus dem Flur und öffnete anschließend das große Erkerfenster. Elli setzte sich auf den Fenstersims und griff in die Luft.

»Hier ist ein selbstfliegender Besen für dich!«, rief sie Matilda zu. Grinsend betrachteten die Mädchen ihre Oma, die sich über ihren Hexenbesen freute wie ein Kind. Gemeinsam stießen sich die drei vom Fensterbrett ab.

Die grobe Richtung wusste Elli. Sie mussten einfach immer auf den Fernsehturm zufliegen, und irgendwo hinter dem großen Tiergarten fing der Stadtteil Mitte an.

»Wo müssen wir denn genau hin?«, rief Elli Matilda im Flug zu.

»Keine Ahnung«, jammerte Matilda. »Letztes Mal sind wir mit der U-Bahn gefahren.«

»Dann lass uns anhalten und uns umschauen«, schrie Elli Idi über Matildas Kopf zu. »Hier«, lachte sie dann, »auf dem Kopf der Goldelse! Von dort aus hat man einen guten Blick.«

Auf dem Kopf der großen Figur der Viktoria auf der Siegessäule war natürlich kein Platz, aber auf ihren ausgebreiteten Flügeln konnte man gut sitzen und die Füße baumeln lassen. Idis und Matildas Besen schwebten vor ihnen in der Luft als warteten sie geduldig. Der Blick auf die Stadt, den großen Park und die vom Platz sternförmig ausgehenden Straßen war herrlich. Trotzdem hatten Elli, Idi und Matilda keine Ahnung, wo sie hinfliegen mussten.

»Mach die Augen zu«, schlug Idi schließlich Elli vor. »Komm, wir konzentrieren uns auf Esther. Ich bin mir sicher, dass wir es irgendwie schaffen, sie zu finden!«

»Gute Idee!« Elli schloss die Augen und dachte ganz fest an ihre Großtante Esther.

»Ich glaub, ich spür was«, rief sie gleich darauf.

»Ja, ich auch. Da wo sie ist, ist ein Kälteloch. Das fliegen wir an!«

»Ich spüre nichts«, murrte Matilda, »aber kalt ist mir auch!«

Kopfschüttelnd hexte Elli Matildas bunten Schal her, und schon flogen sie weiter.

»Es ist eindeutig kälter da, wo Esther ist«, bemerkte Elli jetzt auch. »Ich glaube, wir fliegen genau auf sie zu.«

»Da ist sie!«, rief Idi und sauste voraus. Einige Sekunden später landeten alle im großen Park der Reha-Klinik vor der Bank, auf der Frau Sauter und Esther saßen und über das Klinikpersonal schimpften.

Zögernd gingen Elli und Idi, gefolgt von Matilda, auf Frau Sauter zu. Ihre Besen hatte Idi mit einem Zauberspruch in der Hecke am Eingang versteckt. Es war das erste Mal, dass sie ihre alte Klassenlehrerin nach dem Unfall wiedertrafen.

Als Frau Sauter sie kommen sah, hielt sie mitten in ihrer Bemerkung über das schlechte Essen im Krankenhaus inne. Einen Moment schwiegen alle, dann fing Esther an zu kreischen.

»Was fällt euch ein, euch hier blicken zu lassen? Vor allem du, Elli, nach allem, was du Gerlinde angetan hast!«

Erst glaubte Elli, sich verhört zu haben, aber dann wurde sie zornig. Esther war einfach unfassbar. Hatte sie etwa vergessen, dass sie und Matilda Frau Sauter aus dem Fenster des Erdkundesaals im dritten Stock ihrer Schule hatten stürzen lassen? Und dass sie, Elli, es gewesen war, die ihr das Leben gerettet hatte, weil sie in letzter Sekunde einen großen Haufen Turnmatten in den Hof gezaubert hatte?

Elli wollte Esther gerade daran erinnern, als ihr Frau Sauter zuvorkam: »Passt schon, Esther! Es war nicht Ellis Schuld.«

Elli starrte ihre verhasste Lehrerin an. Das war das erste Mal, dass Frau Sauter sie Elli und nicht Elektra nannte. Und hatte Frau Sauter eben Partei für sie ergriffen?

»Es wird Zeit, dass wir reden!«

Mühsam richtete Frau Sauter sich mit Hilfe ihrer Stöcke auf. »Kommt, wir gehen in die Cafeteria.«

»Gerade hat sie noch gesagt, dass das Essen da so schlecht ist«, wunderte sich Matilda.

Und Elli wunderte sich mal wieder über ihre Oma. War das das einzige an dieser Situation, das Matilda erstaunlich fand? Schweigend tauschte sie mit Idi einen vielsagenden Blick, während sie Esther, Frau Sauter und Matilda langsam in die Cafeteria folgten.

Immer noch schweigend setzten sie sich in dem großen kahlen Raum an einen der weißen Tische und bestellten Streuselkuchen und Pfefferminztee bei der Kellnerin. Erst als sie den trocken aussehenden Kuchen und fünf Tassen mit heißem Wasser und Teebeuteln auf den Untertassen vor sich stehen hatten, fing Frau Sauter an zu sprechen.

»Elli ist nicht schuld an meinem Unfall, und Idi schon gar nicht.«

»Willst du jetzt behaupten, dass ich ...«, setzte Esther wütend an, als ein entzückter Schrei von Matilda das Gespräch unterbrach. Da, wo eben noch ihr grauer Streuselkuchen gestanden hatte, war jetzt ein großes Stück Eissplittertorte.

»Danke, meine Süßen«, flüsterte Matilda und machte den albernen Versuch, die Torte vor Frau Sauters Blick mit der Teetasse zu verbergen. »Genau das, was ich mir gerade gewünscht ...«, aber sie konnte den Satz nicht zu Ende sprechen. Denn jetzt schrie Esther auf. »Was um Himmels willen ...« entfuhr es ihr, während sie auf das große Pint-Glas voll mit dunklem, englischen Bier starrte, das gerade ihren Pfefferminztee ersetzt hatte. »Genau was ich ...«, aber weiter kam auch sie nicht. Denn schon schrie Matilda wieder, als sie plötzlich ein Champagnerglas statt des Tees vor sich stehen hatte.

»Ist hier alles okay?« Die Kellnerin hatte sich ihrem Tisch genähert, aber alle nickten und schickten sie wieder weg.

»Spinnt ihr!?« Esther schaute sich um und fauchte dann Elli und Idi an. »Wollt ihr als nächstes eure Kräfte ...«

Sie schlug sich mit der Hand vor den Mund und blickte erschrocken zu Frau Sauter hinüber. Allen war klar, was sie hatte sagen wollen.

»Das waren nicht die Kinder«, erklärte Frau Sauter trocken. »Das wart ihr selbst. Eure Kräfte kommen zurück.«

Jetzt starrten alle Frau Sauter an. Selbst die Fliege, die gerade noch um Ellis Kuchen gesummt war, hatte sich auf den Rand von Esthers Bierglas gesetzt und war still.

»Weil ich euch verziehen habe«, fuhr Frau Sauter fort und ignorierte dabei die verdutzten Blicke. »Ich wollte es euch gerade erzählen. Das und noch etwas anderes.«

Einen Moment lang herrschte absolute Stille.

»Was um alles in der Welt ...?«, fing dann Elli schließlich an, aber Frau Sauter unterbrach sie. »Könnte ich bitte auch eine Eissplittertorte bekommen?«

»Äh, natürlich ...«, mehr konnte selbst Idi nicht sagen, als sie ein Stück Torte für Frau Sauter hexte, die sofort anfing, sich große Stücke in den Mund zu schaufeln.

»Endlich mal was Ordentliches«, seufzte sie zufrieden.

Außer ihr aß nur Matilda. Alle anderen warteten darauf, dass Frau Sauter mit der Sprache herausrückte, was hier vor sich ging. Aber Frau Sauter aß erst in aller Ruhe ihre Torte auf, nahm sich dann mit den Worten »Ich darf doch?« einen großen Schluck von Matildas Champagner und dann noch einen und wischte sich schließlich mit einer Serviette den Mund ab.

Als sie endlich anfing zu sprechen, blieben den anderen die Worte weg.

# Die Spur führt nach Kreuzberg

»Ich bin eine Hexe«, begann Frau Sauter ihre Geschichte. »Eine Hexe ohne Kräfte. Meine Schwester Gesine ist am 21. Juni geboren, kurz vor Mitternacht. Genau wie du, Elli. Auch sie konnte immer schon alleine hexen, wie du es kannst. Sie hatte die Wahl, was für eine Art Hexe sie sein wollte und sie hat sich für das Böse entschieden. Und mich hat sie sitzen lassen. Alleine und ohne meine Kräfte.«

Es war so still in der Cafeteria, dass sich das Summen der Fliege, die sich wieder in die Luft erhoben hatte, anhörte wie das Röhren eines Motorrads.

»Deshalb habe ich dich gehasst, Elli, dich und deine Familie«, fuhr Frau Sauter fort. »Noch mehr, als Idi und du wieder zusammen wart. Überhaupt habe ich alle glücklichen Hexen und Menschen gehasst. Das war idiotisch, es hat mich unglücklich gemacht und euch auch. Es tut mir leid!«

»Gesine Sauter?«, raunte Esther, als sie ihre Sprache wiedergefunden hatte. »Gesine Sauter ist deine Schwester?«

Frau Sauter nickte stumm.

Sie ist eine Hexe, dachte Elli. Meine Klassenlehrerin ist eine Hexe.

Wie betäubt griff sie nach Idis Hand und drückte sie fest. Ihre Elemente-Ringe berührten sich und Elli spürte die Kraft, die sie verband. Sie hatten davon gehört, dass es böse Hexen geben sollte. Matea und Tante Eva hatten es ihnen erzählt, aber heimlich hatte Elli gehofft, dass diese alten Hexenlegenden erfunden waren. Und jetzt waren Frau Sauter und ihre Schwester Gesine der lebende Beweis dafür, dass sie doch stimmten.

Und, was fast noch schlimmer war: Esther und Matilda hatten ihre Zauberkräfte zurück. Sie waren nicht allmählich wiedergekommen, wie sie alle gedacht hatten, sondern auf einen Schlag. Was jetzt wohl passieren würde? Würde Esther ihnen wieder das Leben schwer machen? Oder würden sie und Oma Tilda wirklich gleich nach England abhauen? Es rauschte in Ellis Ohren. Aber bevor sie weiter überlegen konnte, klingelte ihr Handy.

Mechanisch holte Elli es aus der Tasche und schaute aufs Display. Es war eine Nummer, die sie nicht kannte. Sollte sie trotzdem drangehen? Sie zögerte, nahm den Anruf aber schließlich doch an.

»Elli«, hörte sie eine Stimme, die sie eine Sekunde lang nicht zuordnen konnte. Aber das musste sie auch nicht, denn der Anrufer stellte sich selbst vor. »Elli, ich bin's, Mark. Ihr müsst sofort kommen. Ich habe hier eine heiße Spur. Operation Ronny. Passt gut auf sie auf. Mehr sag ich nicht am Telefon. Ich bin in der Eichenstraße in Kreuzberg gleich beim Badeschiff. Beeilt euch.«

Und schon hatte er wieder aufgelegt.

Elli steckte ihr Handy in die Hosentasche und stieß Idi in die Seite.

»Wir müssen los!« Sie stand auf. »Komm!« Zu den anderen sagte sie nur: »Sorry, ein Notfall. Wir sehen uns später.« Sie war unendlich erleichtert, einen Grund zu haben, dieses unheimliche Treffen zu beenden.

»Was ist los?«, fragte Idi, aber auch sie stand vom Tisch auf. Während sie die Cafeteria verließen, hörten sie hinter sich aufgeregtes Gekreische.

»Unmöglich, die Jugend von heute. Kein Benehmen mehr«, tönte Esther, während Matilda jammerte, dass man sie doch nicht einfach hier alleine sitzenlassen könnte.

»Die kommen ohne uns zurecht«, meinte Elli nur.

»Leider!«, stimmte Idi ihr zu. Esther und Matilda mit Zauberkräften waren ihnen beiden unheimlich.

»Flieg du doch hin«, sagte Idi zu Elli, als sie den Kurpark hinter sich gelassen hatten und Elli ihr von Marks heißer Spur berichtet hatte. »Schließlich hat er dich angerufen!«

Elli schwieg. War Idi sauer, dass Mark sich nicht bei ihr gemeldet hatte?

»Ich bin nicht sauer«, beantwortete Idi Ellis ungestellte Frage. »Aber du hast doch gehört, was er gesagt hat. Wir sollen gut auf Ronny aufpassen. Und wo ist Ronny jetzt? Allein in der Hundeschule mit Philip, der keine Ahnung hat, dass sie in Gefahr sein könnte.«

Elli musste ihr recht geben. »Wo ist denn diese Hundeschule, zu der Philip mit ihr gehen wollte?«, fragte sie Idi.

»Das werde ich schon rausbekommen!« Idi hielt ihr Handy hoch. »Ich ruf ihn einfach an, und dann fahr ich hin.«

»Wollen wir nicht zusammen hinfliegen?«, schlug Elli vor.

»Das schaffe ich schon! Da ist ja eine Haltestelle!« Idi landete direkt vor einem grünen S-Bahn-Schild. »S-Bahnfahren ist keine Hexerei!« Sie lachte.

Elli war gar nicht wohl bei dem Gedanken, dass Idi allein in Berlin unterwegs sein wollte. Was Mama dazu sagen würde, dachte sie. Und Papa erst! Aber Idi war nicht davon abzubringen.

»Dann fahr ich auch S-Bahn«, beschloss Elli.

»So ein Quatsch!« Idi schüttelte den Kopf. »Für was soll das denn gut sein? Du fliegst natürlich. Du kannst doch alleine fliegen!« Elli konnte alleine fliegen, aber sie wollte es nicht. Gerade noch hatten sie gehört, dass die Schwester von Frau Sauter das Böse gewählt hatte und ohne ihre Schwester hexte. Das war genau das, was sie auf gar keinen Fall wollte.

»Du hast Schiss, oder?«

»Ja«, antwortete Elli fast tonlos und schaute ihre Schwester an. »Natürlich nicht vorm Fliegen. Ich hab Angst, dich zu verlieren.«

Idi nahm Elli in den Arm. »So ein Quatsch! Wenn es einen Menschen auf dieser Welt gibt, der nie das Böse wählen würde, dann du, Elli! Mann, bin ich froh, dass ich nicht die Wahl habe.«

Elli wischte sich eine Träne aus dem Augenwinkel und musste grinsen. »Okay! Ich flieg zu Mark und schau, was dran ist an seiner heißen Spur. Und du fährst zu Philip und hilfst ihm, auf Ronny aufzupassen. Jetzt ist es ...«, sie zog ihr Handy raus, »jetzt ist es 16 Uhr. Um 18 Uhr treffen wir uns in Philips Eiche. Egal was passiert! Versprochen?«

»Versprochen!«

Und schon war Idi im Eingang zur S-Bahn verschwunden.

Elli blickte ihr noch einen Moment nach, bevor sie sich auf ihrem Handy die Route zum Badeschiff anschaute. Einfach immer nur die Spree entlang, das würde sie schaffen. Elli erhob sich in die Luft. Sie hatte vergessen, wie es war, nicht fliegen zu können. So wie man sich nicht mehr daran erinnern kann, wie es ist, nicht Radfahren zu können, wenn man es einmal gelernt hat. Sie machte sich keine Gedanken darüber, ob jemand sie sehen könnte. Es stimmte, was Eva und Matea ihnen bei ihren ersten Flugversuchen erzählt hatten. Niemand sah sie, weil niemand glaubte, sie sehen zu können. Nur bei Mark war Elli sich nicht so sicher. Mark schaute sie manchmal so an, als wüsste er mehr, als er eigentlich wissen durfte. Vielleicht sollte sie besser nicht direkt vor seiner Nase beim Badeschiff landen? Elli beschloss, vorsichtshalber bei einer U-Bahn-Station in der Nähe des Badeschiffes zu landen und zu Fuß weiterzugehen.

Beim Fliegen veränderte sich die Stadt unter ihr ständig. Auf hohe Häuser an breiten, leeren Alleen folgten enge und verwinkelte Straßen in Wohngebieten. Dazwischen wechselten sich große, brachliegende Flächen mit dicht bebauten Gegenden ab. Durch alles hindurch schlängelten sich die Trasse der U-Bahn und die Spree.

Als sie eine große Brücke aus rotem Backstein mit zwei Türmen erreicht hatte, die die Spree überspannte, flog sie langsamer entlang der U-Bahn weiter, die hier oberhalb der Straße verlief. Am U-Bahnhof Schlesisches Tor, der aussah wie eine mittelalterliche Burg, landete sie und lief die breite Straße in Richtung Badeschiff weiter.

Fasziniert betrachtete Elli beim Laufen die Gegend, in der sie hier gelandet war. Es gab kein Haus, das nicht mit Graffiti besprüht war. Überall hingen Plakate für Konzerte und Partys. Dieser Teil der Stadt war Elli völlig fremd, und wenn sie es nicht genau gewusst hätte, hätte sie sich gefragt, ob sie hier noch in Berlin war. An dem kleinen Kanal, den sie überquerte, sah sie eine Schleuse, ein paar Schritte weiter lagen an einem zweiten Kanal Hausboote. Hier musste es jetzt irgendwo sein, entlang der alten Bahnschienen, die offensichtlich nicht mehr in Betrieb waren. Mann, war das weit. »Festsaal Kreuzberg« las sie auf einem Schild, bevor sie zwischen zwei großen Backsteingebäuden hindurch auf ein Areal zuging, das aussah wie ein altes Fabrikgelände.

Als sie um die Ecke bog entdeckte sie Mark. Sie hätte ihn auch in einer Menge sofort erkannt, und hier, allein vor der roten Backsteinfassade auf diesem seltsamen, menschenleeren Fabrikgelände, natürlich erst recht.

Jetzt hatte Mark sie auch gesehen.

»Du hast es verpasst«, rief er ihr entgegen. »Hier waren die ganze Zeit Unmengen von Hunden. Die sahen alle so aus wie deine Robbi. Also wie das Foto, das du von ihr gepostet hast.«

»Ronny«, korrigierte ihn Elli. »Sie heißt Ronny.«

»Wie auch immer. Meinetwegen Ronny, aber ...«

Weiter kam er nicht, denn direkt vor ihnen hielt ein Lieferwagen mit quietschenden Reifen. »Du Idiot«, hörten sie einen Mann im Wagen brüllen. Erst dachte Elli, dass er Mark meinte, vor dessen Füßen der Wagen zum Stehen gekommen war, aber dann begriff sie, dass sich im Auto zwei Männer anbrüllten. Oder eigentlich brüllte nur der eine den anderen an.

»Das beste Pferd im Stall lässt du im Keller zurück, oder was? Du Volltrottel! Nachdem du schon ihren Welpen hast abhauen lassen! Wenn die jetzt weg ist, dann ...«

Im selben Moment sah Elli aus dem Augenwinkel die Schnauze eines Hundes aus einem halb geöffneten Kellerfenster schauen.

Immer noch fluchend und schimpfend stieg einer der Männer aus dem Lieferwagen aus und ging auf das Haus zu. Mark und Elli schien er überhaupt nicht zu bemerken.

Wahrscheinlich sind ihm ein paar Kinder auf der Straße einfach egal. Das ist unsere Chance, dachte Elli.

»Schnell«, flüsterte sie Mark zu, »wir müssen den Hund aus dem Keller befreien!«

Sie kniete sich hin und drückte gegen das Fenster. Knarzend bewegte es sich, aber die Öffnung war einfach zu klein. Von drinnen

hörte man schwere Fußstapfen auf der Kellertreppe, und plötzlich hatte Elli eine Faust im Nacken, die sie samt ihrer Jacke hochhob.

»Wat wird'n dit, du Rotznese?«, fragte der Mann, der eben im Auto noch selbst beschimpft worden war. Er musste ausgestiegen sein und im Gegensatz zu dem anderen Mann schien ihn die Anwesenheit von Elli und Mark zu stören.

Anstatt sich zu wehren, konzentrierte sie sich ganz auf den Hund, den sie befreien wollte. Ihr war auf einmal klargeworden, wer hier eingesperrt war: Ronnys Mama! Ihren Welpen hatte der Typ abhauen lassen, das hatten sie doch gerade noch gesagt.

Für den Bruchteil einer Sekunde zauberte Elli das Fenster groß genug, dass die Hündin sich befreien und weglaufen konnte. Im nächsten Augenblick hatte Mark dem Mann so fest vors Schienbein getreten, dass er laut aufheulend Elli losließ.

»Abhauen!«, schrie Mark. Er griff nach Ellis Hand und rannte mit ihr eine Straße herunter, über der Seile mit daran baumelnden Lampen hingen, aber Elli hatte keine Zeit, sich zu wundern. Hinter sich hörten sie den Motor des Lieferwagens aufheulen. Sie mussten unbedingt abbiegen, sonst würden die Männer sie sofort einholen. Mark zerrte Elli in einen Hofeingang. Wenn doch nur Idi da wäre, dachte Elli. Dann würde sie den Hof einfach einen Moment zumauern. Aber ohne Idi würde sie das nicht schaffen, allein die Fenstervergrößerung hatte sie alle Kraft gekostet. Erde war einfach nicht ihr Element.

»Wir müssen da drüber!«, schrie Mark ihr zu und zeigte auf die hohe Außenmauer des Hofes in Richtung Kanal. »Da können sie nicht hinterher! Schaffst du das?«

»Ja, aber nur, wenn du vorgehst!«

Elli rang nach Luft. Sie würde fliegen müssen und das sollte Mark nicht sehen.

»Wenn du meinst!«

Flink wie eine Katze kletterte er das Abflussrohr der Regenrinne hoch. Elli flog hinter ihm und legte die Hände und Füße gegen das Rohr. Sie hoffte, es würde so wirken, als würde sie auch klettern, aber Mark konnte ihr sowieso gerade nicht zuschauen.

»Spring«, rief Mark, als er auf der anderen Seite am Boden stand. Elli sprang und landete am modrigen Ufer eines schmalen Kanals. Über Schleichwege fanden sie schließlich den Weg zur U-Bahn zurück. Die Männer hatten die Verfolgung aufgegeben. Oder vielleicht verfolgten sie jetzt Ronnys Mutter?

»Was ist mit der Hündin?«, fragte Elli, als sie in der U 1 saßen.

»Woher willst du wissen, dass es eine Sie war?« Mark stopfte sich einen Kaugummi in den Mund.

»Nur so ein Gefühl«, nuschelte Elli.

»Was du so für Gefühle hast«, sagte Mark und blies ihr eine Kaugummiblase entgegen.

»Was machst du überhaupt hier beim Badeschiff? Jetzt ist das Freibad doch noch gar nicht auf?«, fragte Elli, um ihn abzulenken. Über Gefühle wollte sie mit Mark auf keinen Fall reden. Aber darüber, was er in Kreuzberg gesucht hatte, wollte Mark anscheinend nicht sprechen.

»Was die wohl mit den Hunden machen?«, fragte er stattdessen.

»Keine Ahnung!« Elli zuckte mit den Schultern. »Wir müssen wieder hin, um es herauszufinden. Schließlich wissen wir jetzt, wo sie gefangen gehalten werden.«

»Die Typen sind bestimmt nicht so doof, sie wieder an den gleichen Ort zurückzubringen, nachdem wir sie entdeckt haben.«

Mark hatte recht. Die Männer würden die Hunde woanders verstecken. Ronnys Mama war da draußen allein. Bald würde es dunkel und noch kälter werden. Wo sie wohl hingelaufen war? Wie um alles in der Welt könnte sie sie nur finden? Sie musste sie unbedingt zu Ronny zurückbringen.

»Die Nächste steig ich aus«, sagte Mark. »Wir telefonieren.«

Elli starrte ihn an. Wie konnte Mark jetzt nur abhauen? Für ihn schien das nur ein Abenteuer zu sein, aber für Elli war es alles andere als das.

»Na, dann tschüss«, sagte sie betont kühl und schaute zum U-Bahnfenster raus. Sie waren schon wieder eine Zeitlang unterirdisch gefahren, und alles, was sie sehen konnte, war ihr eigenes Spiegelbild. Sie schaute auf die blassen Farben und die unscharfen Konturen und plötzlich schlug ihr Herz höher. Auf einmal wusste sie, wie sie Ronnys Mama finden würden. Sie mussten den Kristallslime befragen! Vielleicht würde es ihnen gelingen, Ronnys Mama zu sehen und zu erkennen, wo sie hingelaufen war. Elli wurde ganz hibbelig. Sie musste zu Idi fliegen und mit ihr in den Slime schauen. Idi konnte das tausendmal besser als sie. Das Wasser und damit auch der Slime waren ihr Element. Während Elli immer nur vereinzelte, blasse oder verschwommene Bilder sah, mit denen sie kaum etwas anzufangen wusste, sah Idi immer alles ganz genau.

»Ich steig auch aus«, sagte sie mehr zu sich als zu Mark.

»Ist doch Quatsch, du musst doch noch weiter!«

»Alles gut«, antwortete Elli, ohne seine fragenden Blicke zu beachten.

Schweigend stiegen sie aus und fuhren mit der Rolltreppe nach oben. Dort verabschiedete sich Elli sofort von Mark. Sie rannte die Straße runter, bog ab und flog im gleichen Moment in einer steilen Kurve hoch in die Luft und direkt am Zifferblatt der großen Kirchenuhr vorbei. Die Uhr zeigte Viertel vor Sechs. Wenn sie Glück hatte, würden Idi und Philip schon in der Eiche sein. Jetzt nichts wie dahin und Ronnys Mama finden! Sie würden sie zu ihrem Welpen zurückbringen, anstatt sie alleine in der kalten Februarnacht zu lassen! Sie sauste wie der Blitz durch die Stadt und sah Idi, Philip und Ronny schon von weitem auf einem der breiten Äste der Eiche in Philips Garten sitzen.

»Gut, dass du kommst!«, rief Philip ihr entgegen. »Ich erfriere!«

»Dann lasst uns reingehen«, stimmte Elli zu. »Idi, hast du den Slime dabei?«

»Nee, aber den hab' ich gleich!«

Idi griff in die Luft und schon hatte sie die kleine Tonne mit dem Zauberslime in der Hand.

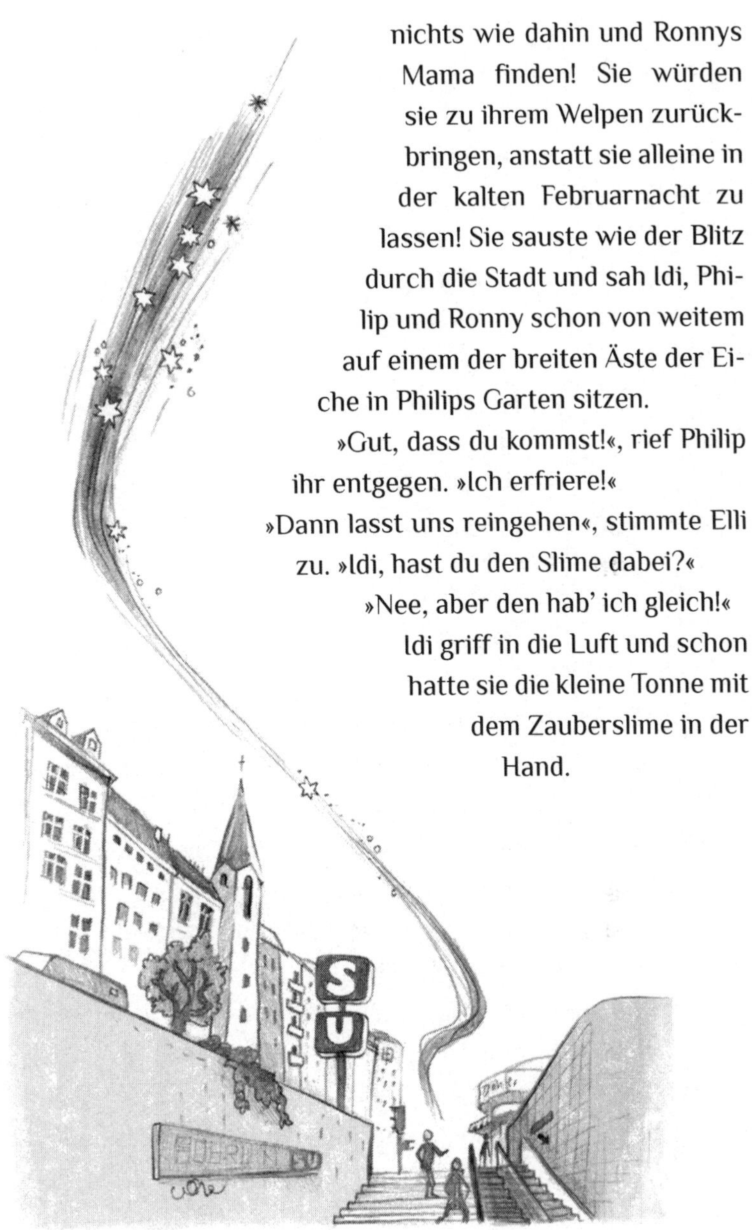

Philip war bereits mit Ronny im Arm die Strickleiter runtergeklettert. Die anderen folgten ihm über die Terrassentür, die er aufgeschlossen hatte, ins Wohnzimmer. Idi entdeckte sofort den großen Glastisch, der vor der Wohnzimmercouch stand.

»Perfekte Bedingungen«, lobte sie. Sie schmiss Jacke und Mütze in einen der Sessel und schüttete den Slime aus der Dose auf den Couchtisch.

»He, was wird das?« Philip hielt Ronny zurück, die aufgeregt am Slime zu schnuppern begann.

»Wart's ab.« Idi ließ sich vor dem niedrigen Tisch auf die Knie fallen. Ronny kuschelte sich neben sie und vergrub ihre Nase in der Decke, die sie überall mit hintrug.

»Was suchen wir denn?«, wollte Idi wissen.

»Ronnys Mama!«

Für weitere Erklärungen hatte Elli gerade keine Zeit.

»Coole Idee!«, war Idis einziger Kommentar. Dann konzentrierte sie sich auf den Slime.

Elli hockte sich neben sie und beobachtete, wie der Slime anfing, zu schimmern. Schemenhaft sah sie Umrisse, Schatten, die sich bewegten, ohne eine bestimmte Form anzunehmen. Sie wusste, dass sie ohne Idi keinen Schritt weiterkommen würde.

»Siehst du sie?«, fragte sie atemlos vor Spannung.

»Natürlich seh ich sie«, erklärte Idi, als sei das das normalste der Welt. »Ich weiß nur nicht, wo sie ist.«

Philip starrte seine Freundinnen an. »Was geht denn hier ab?«

»Kristallkugel. Kennst du doch, oder? Nur halt als Slime. Die Omas fanden das cooler.«

Philip konnte nur den Kopf schütteln und weiter Ronnys weiches Fell streicheln.

»Willst du auch mal schauen?«

Idi streckte ihre Hand nach Philips aus. Zögernd reichte er ihr seine Hand, aber sobald er Idis berührt hatte, riss er sie auch schon wieder zurück. »Krass. Da war Ronny! Im Slime!«

»Ronnys Mama«, korrigierte Idi. »Hast du gesehen wo? Du kennst dich hier besser aus als ich.«

»Am Gasometer war die. In Schöneberg. Eindeutig. Gib mir noch mal die Hand.«

Aber ein zweites Mal funktionierte es nicht. Alles, was Philip jetzt sah, war grünlicher Schleim auf dem Glastisch seiner Eltern.

»Lass Elli es versuchen«, schlug Philip vor.

Idi schüttelte den Kopf. »Bringt nichts. Sorry, aber die sieht nie was!«

»Stimmt«, lachte Elli, Idi hatte ja recht. Dann fiel ihr etwas ein. »Idi, kannst du nicht aufmalen, was du siehst? Dann versuchen wir zusammen herauszufinden, was es ist.«

»Und zwar ein bisschen schnell.« Philip zeigte nach draußen. »Schaut mal da raus.«

Mist, dachte Elli. Draußen war es wirklich inzwischen schon ziemlich dunkel geworden. Es schien fast unmöglich, heute noch Ronnys Mama zu finden.

Philip holte Papier und Stifte.

»Sie läuft durch irgendwelche Straßen«, Idi starrte unglücklich erst auf ihr Blatt und dann wieder in den Slime. »Immer gerade aus. Und ganz schnell. Wie soll ich das aufmalen?«

Elli und Philip schwiegen und warteten darauf, dass Idi zu zeichnen begann. Das eine oder andere Mal setzte Idi an, aber immer wieder musste sie abbrechen.

»Sie ist zu schnell«, murmelte sie.

Einen Moment schwiegen alle, dann sagte Idi: »Wisst ihr was? Es sieht so aus, als wüsste sie genau, wo sie hinläuft.«

»Aber wohin?«, fragte Philip. »Los, du musst versuchen, irgendwas zu erkennen!«

»Es ist zu dunkel«, schimpfte Idi. »Überall nur diese schwachgelbe Straßenbeleuchtung! Ich seh' nichts. Oder ... wartet. Jetzt wird es heller. Sie ist auf einer breiteren Straße. Also richtig breit und mit Geschäften links und rechts!«

»Das könnte überall in Berlin sein«, sagte Elli. »Was macht sie denn jetzt?«

»Sie rennt, immer geradeaus. Und in einem irren Tempo. Sind das Rennhunde, diese Rhododendron Backs?«

»Keine Ahnung«, gab Elli zu.

»Rhodesian Ridgebacks«, korrigierte Philip. »Ich googele mal schnell!«

Er holte sein Handy raus.

»Ja, stimmt«, sagte er eine Sekunde später. »Rennhunde sind das, wie Windhunde und dieser Podenco Mix, von denen Idi erzählt hat!«

»Jetzt biegt sie ab!«, rief Idi aufgeregt dazwischen. »An einem großen Platz mit viel Verkehr, hier ist es jetzt auch heller. Oh, da scheint ein Unfall gewesen zu sein, da stecken zwei Autos im Boden!«

»Autos? Im Boden?« Plötzlich fiel bei Philip der Groschen. »Cadillacs?«, fragte er aufgeregt.

Idi schüttelte den Kopf: »Was weiß ich, was das für Autos sind!«

Aber Philip war sich auf einmal ganz sicher. »Das ist der Rathenau-Platz! Sie ist den ganzen Kudamm raufgelaufen. Wenn sie jetzt abbiegt, läuft sie in Richtung Westend!«

»Was?! In Richtung Westend?« Elli schüttelte Idi am Arm. »Idi, was siehst du? Jetzt kommt es darauf an! Wenn sie hier in der Nähe ist, müssen wir sie finden und aufhalten!«

»Ist sie«, rief jetzt auch Idi. »Sie läuft gerade an der Messe vorbei. An dieser komischen gelben Schlange, von der Mama sagt, dass es Kunst ist.«

»Wir müssen raus!« Philips Stimme überschlug sich. »Wenn sie so weiterläuft, dann ist sie auch gleich wieder weg von hier. Da kommen wir nicht hinterher. Idi, wo ist sie jetzt?«

»Sie wird langsamer.« Idi ließ den Slime nicht aus den Augen. »Es sieht so aus, als würde sie nach einer Spur suchen! Ja, jetzt hat sie sie, sie rennt wieder los!«

Hektisch schnappte Philip sich seine Jacke und zog sie an.

»Los Ronny, geh in dein Körbchen. Ich komm gleich wieder!« Aber anstatt in ihr Körbchen zu gehen, sprang Ronny auf ihre kleinen gebogenen Beinchen und fing an, wie wild zu bellen. Dann raste sie zur Tür und sprang immer weiter bellend und jaulend daran hoch. »Ronny, bleib hier! Wir müssen deine Mama finden!« Philip versuchte, Ronny zurückzuhalten.

»Wartet! Jetzt weiß ich, wo sie ist!« Strahlend stand jetzt auch Idi auf, lief zu Philip und Ronny in den Flur und öffnete dort mit großer Geste die Haustür. Und herein spazierte: Ronnys Mama!

# 6

# So, wie du bist

Als Elli an diesem Abend nach Hause kam, war es schon fast acht Uhr. Sie hatten Philip noch geholfen, auch für Ronnys Mama ein Körbchen herzurichten. Sie hatten Futter und eine weiche Decke für sie hergezaubert, sie noch lange gestreichelt und sich mit ihr über ihren süßen Welpen Ronny gefreut. Dann hatten sie angefangen, sich über ihren Namen zu streiten, bis Philips Eltern nach Hause gekommen waren und Philips Mutter den Namen Relindis vorgeschlagen hatte.

»Relindis?«, hatte Philip irritiert gefragt, aber er traute sich nicht zu widersprechen. Er war viel zu erleichtert, dass seine Eltern ihm erlaubten, Ronnys Mama zu behalten, bis sie ihren Besitzer gefunden hatten. Philip hatte ihnen versprochen, herauszufinden, wohin die beiden Hunde gehörten, selbst wenn er Ronny dann vielleicht abgeben musste.

Bis dahin durfte der Hund bei ihnen bleiben, hatte seine Mutter gesagt, aber nicht länger. Hundefutter plus Hundeschule für zwei ausgewachsene Ridgebacks, das sei mehr, als sie sich leisten könnten und wollten.

Elli und Idi hatte der Name Relindis gefallen. Idi hatte sofort nachgeschaut, was er bedeutete und verkündet, dass Relindis für

Rat und Kampf steht. »Das passt!«, hatte sie erklärt. »Relindis sieht so weise aus, und dass sie eine Kämpferin ist, das hat sie heute bewiesen!«

Elli fand auch, dass Relindis gut passte. Schließlich waren ihnen ungewöhnliche Namen vertraut. Ihr voller Name war Elektra und Idi hieß mit ganzem Namen Merida, Elli und Idi waren nur die Abkürzungen.

»Wir können sie ja Re nennen«, hatte sie vorgeschlagen und damit konnte sich auch Philip anfreunden. »Ronny und Re. Das klingt gut«, hatte er zufrieden gesagt und sich dann von seinen Freundinnen verabschiedet.

Elli war sich sicher gewesen, dass sie Ärger bekommen würde, weil sie so spät nach Hause kam. Schließlich musste sie am nächsten Tag wieder in die Schule und Eva, Matea und sie aßen sonst immer früher zusammen zu Abend.

Aber als sie die Tür aufschloss, bemerkte sie keiner. Ihre Mutter und ihre Tante saßen in ihrer großen, gemütlichen Wohnküche, doch anscheinend war ihnen gar nicht aufgefallen, dass Elli fehlte. Elli sah Licht durch die halboffene Tür hindurchscheinen und sie hörte Stimmen. Gerade als sie zu Matea und Eva in die Küche gehen wollte, sagte Eva etwas, das Elli erstarren ließ.

»Ich hab es ihm versprochen, Matea! Er möchte gerne, dass wir zusammenwohnen, wenn die Mädchen auf die Welt kommen. Ich kann das verstehen. Nächsten Monat ziehe ich zu ihm.«

Elli fühlte sich, als würde ihr der Boden unter den Füßen weggezogen. Tante Eva wollte ausziehen? Elli konnte es nicht fassen. Ihr ganzes Leben lang hatte sie mit ihrer Mutter und ihrer Tante zusammengewohnt. Sie drei waren eine Familie.

Und nun wollte Eva weggehen und eine Familie mit jemand anderem sein? Eine Familie mit Alexander und Henriette, deren

Hund Lou und ihrem Kater Nero. Sie und Matea und ihre Kater Mihai und Noah würde sie einfach zurücklassen?

Elli musste ihr sagen, dass sie bleiben sollte. Sie ging auf die Tür zu und öffnete sie, aber gerade, als sie etwas sagen wollte, sah sie, dass ihre Mutter weinte. Noch nicht einmal »Mama« brachte Elli jetzt mehr hervor. Schweigend ging sie zu ihrer Mutter an den Tisch und umarmte sie. Matea streichelte Elli über die Haare und gab ihr einen Kuss. »Es ist alles gut, kleine Elli. Ich freu mich für Eva, ich werde sie nur so schrecklich vermissen!« Die Tränen rannen weiter über Mateas Gesicht und Elli wünschte sich nichts sehnlicher, als sie aufhalten zu können. Mama darf nicht weinen, dachte sie.

»Wie könnt ihr euch trennen?«, sagte sie leise zu Eva. »Ihr seid doch Hexenschwestern. Wie soll das gehen?«

Eva sah fast genauso unglücklich aus wie Matea.

»Elli, versteh mich doch bitte. Ich bin eine Hexenschwester und eine Hexentante, aber bald werde ich auch eine Hexenmama sein. Am liebsten wäre mir natürlich auch, wir könnten alle hier zusammenwohnen, aber das geht nun mal nicht. Wo sollten wir alle unterbringen? Bei Alexander und Henriette ist Platz genug, eigentlich sogar viel zu viel Platz, seit Henriettes Mutter zu ihrem Freund nach Spanien gezogen ist.«

»Wenn es nur um den Platz geht, dann hex ich hier drei Geschosse drauf«, knurrte Elli und setzte sich hin.

»Es geht nicht nur darum«, gab Eva zu, und stricht sich ihre rotblonden Locken, die denen von Elli so ähnlich waren, aus dem Gesicht.

»Worum dann?«

Elli streichelte Mateas Kater Mihai, der es sich auf ihrem Schoß bequem gemacht hatte. »Hast du Alexander nicht gesagt, dass du

eine Hexe bist? Musst du deshalb hier weg aus dem Hexenhaushalt, damit er nicht merkt, dass wir anders sind?«

Eva schwieg, und Elli tat sofort leid, dass sie so mit ihrer Tante gesprochen hatte. Sie biss sich auf die Lippen. »Entschuldige bitte, Tante Eva. So meine ich es nicht. Ich will dich nur nicht verlieren!«

»Du verlierst mich nicht!« Jetzt fing Eva auch an zu weinen. »Es stimmt. Ich hab es ihm nicht gesagt!«

»Dachte ich es mir doch!« Elli schaute ihre Mutter und ihre Tante kopfschüttelnd an. Plötzlich fühlte sie sich alt und weise und erfahren.

»Was soll das?« Sie nahm Tante Evas Hand. »Er wird dich auch als Hexe lieben. So, wie du bist. Sag es ihm.«

Eva schwieg und versuchte zu lächeln.

»Oder wollt ihr die nächsten Hexenbabys trennen, wenn sie anfangen, ihre Zwillings-Buggys durch die Luft zu lenken?«

Jetzt war der Bann gebrochen. Sowohl Eva als auch Matea mussten lachen.

»Du hast so recht, Ellilein«, sagte Eva. »Ich sag es ihm! Ich sag es ihm gleich morgen. Wenn er wegrennt, bleib ich bei euch, okay? Dann fliegen hier die Buggys und die Windeln und die Schnullis durch die Luft, dass es eine wahre Freude sein wird!«

»So machst du es«, sagte Elli und war auf einmal nur noch müde. Heute war viel zu viel passiert. Sie wollte alleine sein.

»Ich geh ins Bett«, verkündete sie.

»Kein Abendessen?«, fragte ihre Mutter.

»Wir haben bei Philip was gegessen«, antwortete Elli.

Sie war wirklich fix und fertig. Sie wollte ins Bett, auch wenn sie bei Philip noch nicht mal ans Abendessen gedacht hatten.

Eva und Matea gaben ihr einen Gutenachtkuss und ließen sie dann gehen. Wahrscheinlich haben sie viel zu besprechen, dachte

Elli und stiefelte die Treppe hoch in ihr Schlafzimmer. Oben angekommen, setzte sie sich auf das Himmelbett, das Eva und Matea ihr zu ihrem zehnten Geburtstag geschenkt hatten. Den Baldachin mit den Sternen hatten sie damals selbst genäht, und die Wände ihres Kinderzimmers hatten sie gemeinsam gestrichen. Eine davon in Ellis Lieblingsfarbe Türkis. Alles hier im Haus waren Eva, Matea und sie. Soll das jetzt vorbei sein?, dachte Elli.

In der einen Haushälfte würden Idi und ihr Vater allein wohnen und in der anderen sie und ihre Mutter. Irgendwie war das alles schrecklich traurig. An Platz mangelte es hier wirklich nicht. Er war nur einfach nicht richtig aufgeteilt. Wenn nur Matea und Thomas wieder zusammenziehen würden. Dann wäre auch Idi immer bei ihr. Direkt nebenan, in der Doppelhaushälfte, die im Moment Thomas und Idi bewohnten, wäre Platz für Eva, Alexander, Henriette und alle Zwillingsmädchen, die Eva noch bekommen würde. Ellis Herz schlug ihr bis zum Hals bei dem Gedanken, dabei wusste sie, dass nur sie diesen Traum träumte.

Aber immerhin hatten sich Ronny und ihre Mama Re wiedergefunden. Elli legte sich in die weichen Kissen und versuchte daran zu denken, wie sehr sich Ronny gefreut hatte, Re wiederzusehen, und nicht daran, dass Eva bald ausziehen würde.

Jetzt kam auch Noah auf leisen Pfoten angetappst und leckte ihr mit seiner rauen kleinen Zunge über die Wange.

»Lass das, Noah«, kicherte Elli, »das kitzelt!« Noah freute sich, sie lachen zu sehen und stupste seine kleine, feuchte Schnauze gegen ihre Nase und ihre Stirn. Dann drehte er sich dreimal um sich selbst und machte es sich direkt neben ihrem Kopfkissen bequem.

Elli streichelte ihn und er schnurrte leise. Alles, was er wollte, war, dass Elli bei ihm war. Dann war er zufrieden.

»Ich verlasse dich nie«, versprach Elli ihm und gab ihm zwei Küsse auf die kleinen Katzenöhrchen.

Gerade, als auch sie sich schlafen legen wollte, hörte sie das Piepen ihres Handys. Wer konnte das jetzt noch sein? Wahrscheinlich nur der Klassenchat.

Trotzdem checkte sie ihre Nachrichten. Aber es waren nicht ihre Mitschüler. Es war Mark, der ihr zwei WhatsApp geschickt hatte.

Bist du gut nach Hause ge
kommen?

Elli tippte die Antwort sofort in ihr Handy:

Ja, danke!

Ihr Herz klopfte. Sie hatte noch nie mit Mark gechattet. Aber was sollte das? Hatte er die erste Nachricht aus Versehen zu früh abgeschickt? Oder wollte er andeuten, dass er etwas wusste? Dass sie geflogen war?

Mark hatte ihre Nachricht noch nicht gelesen und Elli hatte Zeit, sich sein Profilbild anzuschauen. Er hatte wie immer seine riesigen Kopfhörer um den Hals gelegt, und auf seinem schwarzen T-Shirt stand in neon-gelb »perfectly wrong«. Perfekt falsch, das klang cool. Irgendwo hatte Elli das schon mal gehört. Aber wo? Ihr Handy piepte. Da war sie: eine neue Nachricht von Mark.

Ich hoffe, der Hund konnte
abhauen. Diese Typen sind
echt mies.

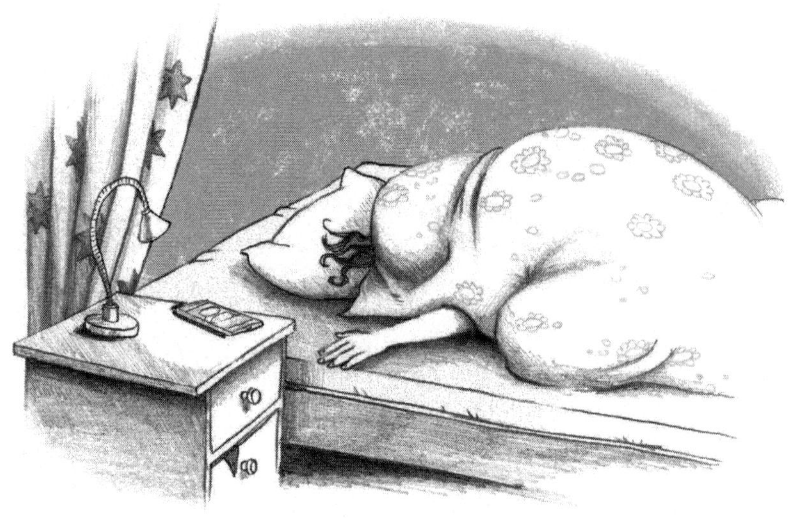

Elli überlegte. Sie wollte Mark so gerne erzählen, dass Ronnys Mutter in Sicherheit war. Aber die Geschichte war so lang und so kompliziert. Elli hatte keine Lust, alles mühsam ins Handy zu tippen. Da hatte sie eine Idee. Sie zog sich die Decke über den Kopf, damit Eva und Matea sie nicht hörten, und nahm für Mark eine Sprachnachricht auf.

»Du wirst es nicht glauben, aber der Hund ist wirklich eine Hündin, wie ich es mir gedacht hatte. Sie ist Ronnys Mama und sie hat sie gefunden. Sie hat ihre Fährte aus Kreuzberg bis ins Westend verfolgt. Und nun sind sie beide sicher bei Philip untergebracht.«

Wieso bei Philip?

Was war das denn für eine Frage?, dachte Elli. Wieso nicht bei Philip?

Ihr fiel keine passende Antwort darauf ein, also legte sie das Handy wieder neben sich auf den Nachttisch. Wie konnte man zu so einer Geschichte nur so eine Frage stellen. Mark war wirklich seltsam.

Was machen wir jetzt?

Was wollte er denn jetzt machen? Elli schaute weiter auf ihr Handy, ob Mark noch erklären würde, was er damit meinte. Jetzt war doch alles gut, oder? Ronny hatte ihre Mama wieder. Aber vielleicht fand er auch, dass sie ihren Besitzer suchen mussten. Er wusste ja nicht, dass sie es Philips Mutter bereits versprochen hatten. In den nächsten Tagen mussten sie die Vermisstenanzeigen im Internet checken, aber jetzt, da Ronny und Re in Sicherheit waren, hatte das doch keine besondere Eile, oder? Außerdem war Re zu Ronny gekommen. Eine Hundemutter, die auf der anderen Seite einer Großstadt ihren Welpen finden konnte, würde sicher auch ihr Zuhause finden, wenn sie es finden wollte.

Mit den Typen meine ich!

Was willst du denn mit den Typen machen?

Rausfinden, was die mit den Hunden machen!

Warum?

Warum? Weil die Hunde sicher alle geklaut sind. Und weil das Tierquälerei ist, wie die die halten! Interessierst du dich eigentlich nur für Philips Hunde?

Elli wurde rot. Das war gemein von Mark. Natürlich wollte Elli nicht, dass Hunde gequält wurden. Sie hatte nur nicht gedacht, dass sie selbst den Fall in die Hand nehmen sollten.

Wollen wir nicht lieber zur Polizei gehen?

Und Ronny da abliefern?

NEIN!

Wir brauchen einen Plan! Denk mal drüber nach. Ich ruf dich morgen an.

Zum dritten Mal an diesem Abend legte Elli das Handy auf ihren Nachttisch. Sie versuchte einzuschlafen, als sich ihr Handy noch einmal meldete. Jetzt waren zwei Emojis im Display. Ein Mond und ein schnarchender Smiley. Von Mark geschickt.

Elli richtete sich auf und war auf einmal wieder total wach. Mark hatte recht. Sie mussten die Hundediebe finden und sie dazu zwingen, alle Tiere ihren Besitzern zurückzugeben.

Aber wie würden sie das nur anstellen? Auch mit Hilfe von Ronnys Mama? Ob sie Re dazu bringen könnten, sie zu den Verbrechern zu führen? In Ellis Kopf fuhren die Gedanken Karussell. Kampf und Rat, dachte sie. Rat und Kampf. Hoffentlich war Re der richtige Name für Ronnys Mama.

Was die Männer wohl mit den Hunden machten? Sicher nicht einfach nur verkaufen, sonst würden sie nicht so viele auf einmal haben. Das war doch auffällig und damit unnötig gefährlich für sie.

Was hatte der Mann im Auto zu seinem Kumpel gesagt? »Das beste Pferd im Stall hast du laufen lassen?« Was hatte er damit nur gemeint?

Elli legte sich in ihr Bett zurück und starrte auf die Sterne im Baldachin. Sie musste unbedingt einschlafen. Morgen würden sie eine Klassenarbeit in Mathe schreiben, und das war nicht gerade Ellis bestes Fach. Die Schule ging einfach immer weiter und nahm keine Rücksicht darauf, dass in der ganzen Stadt Hunde gestohlen wurden und ihre Tante Eva ausziehen wollte. Fast freute sich Elli über etwas so Normales wie eine Mathearbeit.

Sie zog ihre gelbe Lieblingsdecke mit den rosa Blumen bis über beide Schultern hoch und streckte einen Fuß darunter hervor. So lag sie am liebsten im Bett. Fest eingekuschelt schlief Elli schließlich ein. Sie träumte, dass sie selbst durch die Straßen von Berlin rannte. Sie rannte und rannte, und die Geschäfte, Kirchen, Spielplätze und Kinos flogen links und rechts nur so an ihr vorbei. Als sie am nächsten Morgen aufwachte, war sie völlig außer Atem. Gerade noch hatte sie geträumt, dass sie durch eine Zielgerade gelaufen war. Es fühlte sich so an, als hätte sie etwas gewonnen. Sie wusste, dass der Traum etwas zu bedeuten hatte. Nur was? Sie hatte so viele Puzzleteile im Kopf, aber sie passten einfach nicht zueinander. Mark wollte sie nachher anrufen! Sie mussten sich unbedingt alle treffen und gemeinsam versuchen, herauszufinden, was hier vor sich ging, mit den Dieben und den vielen Hunden und vor allem mit Ronny und Re.

# Tulpen zu Rosen

Am nächsten Tag stellte sich nach der Schule heraus, dass außer Elli und Idi keiner Zeit hatte, sich zu treffen. Henriette musste zum Kieferorthopäden, weil sie eine feste Spange bekommen sollte. Philip zum Fußballtraining, und Mark hatte noch nicht mal angerufen. Typisch, dachte Elli, obwohl sie gar nicht wusste, was typisch für Mark war. Nach einigem hin und her verabredeten sie sich schließlich für Freitagnachmittag bei Elli zuhause.

»Wäre super, wenn ihr heute Nachmittag auf Ronny und Re aufpassen könntet«, bat Philip, als er sich von ihnen verabschiedete.

»Klar«, freute sich Elli, »gerne.«

»Könntet ihr nicht auch Lou mitbetreuen?«, fiel Henriette ein. »Zum Kieferorthopäden kann ich ihn nicht mitnehmen, und Eva wollte hinterher noch mit mir shoppen gehen. Das hasst Lou auch.«

»Wieso Eva?«, fragte Elli.

»Eva geht mit mir zum Kieferorthopäden. Sie hilft mir, die Farbe für meine Spange auszusuchen. Sie meint, das kann sie besser als Papa.«

»Und hinterher geht ihr shoppen?«, wollte Elli wissen, obwohl Henriette genau das gerade gesagt hatte.

Henriette strahlte. »Nice, oder?«

»Nice«, bestätigte Elli, aber es klang nicht so, als ob sie es auch meinte. Eher im Gegenteil.

Aus den Augenwinkeln sah sie, wie Idi den Kopf schüttelte. Idi war natürlich nicht eifersüchtig auf Henriette, sie lebte ja auch nicht mit Eva zusammen.

Missmutig trottete Elli hinter Idi und Henriette her zu ihr nach Hause. Schon als die Hunde das Gartentor hörten, fingen sie im Haus fröhlich an zu bellen. Sobald die Kinder die Tür geöffnet hatten, sprangen sie an ihnen hoch, wedelten mit den Schwänzen und Ronny versuchte wie immer ihre spitzen kleinen Zähnchen in die Handballen der Kinder zu bohren.

»Das muss ihr Philip in der Hundeschule abgewöhnen!« Henriette lachte während sie das sagte, denn noch kitzelten Ronnys Zähne nur. »Stell dir mal vor, das würde Re machen, dann würden wir jetzt ganz schön bluten.«

Elli nickte. Re war ein großer, starker Hund, sie ging ihnen fast bis zur Hüfte. Wenn Re richtig zubeißen würde, dann wäre das nicht mehr lustig.

»Wollen wir mit allen Hunden zur Kiesgrube gehen?«, schlug Idi vor.

»Gute Idee«, stimmte Elli ihr zu. Nichts wie weg aus Henriettes Zuhause, das auch bald Evas sein würde.

»Wollt ihr nicht das Kinderzimmer für die Zwillinge sehen, bevor ihr geht?«, fragte Henriette. Elli glaubte, sich verhört zu haben.

»Die Zwillinge haben hier schon ein Zimmer?« Sie fand selbst, dass ihre Stimme verändert klang. Irgendwie härter.

Henriette schien es nicht zu bemerken, sie war zu aufgeregt.

»Reiß dich zusammen«, knurrte Idi Elli leise an und zu Henriette sagte sie: »Klar, gerne!«

Henriette führte sie die Treppe hoch. »Also, das ist das Elternschlafzimmer.« Sie öffnete eine der Zimmertüren gleich am Treppenabsatz.

Elli schnaubte: »Elternschlafzimmer ...«

»Also, wo Papa und Eva schlafen«, sagte Henriette, als ob man das erklären müsste.

»Das hier«, fuhr sie fort und öffnete eine andere Tür. »... bleibt mein Zimmer, aber ich habe ein neues Bett bekommen, weil alle anderen auch welche bekommen haben. Papa meinte, das sei nur fair!«

Elli knirschte mit den Zähnen und betrachtete missmutig das Bett, das genauso einen Baldachin hatte wie ihr eigenes und ihrem sowieso sehr ähnlich sah.

»Und da links ist das Zimmer der Zwillinge, wobei Eva meint, dass sie sicher erstmal bei ihr und Papa schlafen werden.«

Henriette führte Elli und Idi in ein süßes Zimmer mit breiten, hellen Bodendielen, das in Rot- und Rosatönen gestrichen war. Vor der großen Dachgaube standen nebeneinander zwei Bettchen, deren Kissen und Decken mit rotem Vichy-Karo-Muster bezogen waren. Irgendwie kamen Elli die Bettchen bekannt vor.

»Stimmt gar nicht, die Babys kriegen keine neuen Betten. Das waren ja eure! Nur die Bettwäsche hat Eva für sie gemacht«, fiel Henriette auf, bevor Elli irgendetwas sagen konnte. Elli schnaubte wieder und drehte sich auf dem Absatz um. Ihr reichte es. Sie musste sich bemühen, die Treppe langsam runterzugehen, anstatt einfach wegzurennen, was sie am liebsten getan hätte. Im Wohnzimmer setzte sie sich neben Ronny, die sich wieder auf ihre Kuscheldecke in Lous Körbchen gelegt hatte, und fing an, sie zu streicheln. Als es an der Tür klingelte, sprang Ronny auf und rannte hin. Elli folgte ihr langsam. Im Flur angekommen sah sie, wie

Henriette Tante Eva die Tür öffnete und sie umarmte. Elli drehte sich um und ging ins Wohnzimmer zurück.

»Sie sind weg, du kannst wieder rauskommen!« Idi stand im Türrahmen und sah ihre Schwester vorwurfsvoll an. »Was soll das eigentlich?«

»Was denn?« Elli tat, als ob nichts wäre.

»Kannst du dich nicht ein bisschen freuen für Tante Eva? Und für Henriette auch? Du hast doch Mama und mich! Hat Henriette eine Schwester? Nein! Und wo ist ihre Mutter? In Barcelona mit einem Mann, der nicht ihr Vater ist.«

Elli nickte und streichelte Ronny, die zurück ins Wohnzimmer gekommen war. »Ist ja gut. Ich weiß es doch. Aber Tante Eva ist wie eine Mutter für mich.«

»WIE eine Mutter«, sagte Idi. »Jetzt wird sie wirklich Mama. Ist das nicht toll?«

Doch, das war toll. Elli sah ein, dass sie sich zusammenreißen musste. Niemand würde Verständnis für ihre Eifersucht haben. Wenn es nur nicht so schwer wäre, Tante Eva plötzlich teilen zu müssen.

»Du musst sie doch gar nicht teilen!«, korrigierte sie Idi, die mal wieder ihre Gedanken gelesen hatte. »Eva wird doch nicht weniger, sie wird mehr. Zwei neue Hexenbabys. Ist doch spitze!«

Idi sprang aufs Sofa und hüpfte wie wild darauf herum. Ihre Freude war ansteckend.

»Was die Babys wohl für Kräfte haben werden?«, fiel Elli ein.

»Emma hat Erde und Luft, und Mila Feuer und Wasser«, verkündete Idi. Elli starrte ihre Schwester fassungslos an.

»Was?«, rief Idi. »Ich hab nun mal den Slime. Den wird man doch wohl mal benutzen dürfen, oder nicht?«

»Ohne mich?« Elli fand das seltsam.

»Nee, natürlich nicht ohne dich!« Idi konnte sich vor Lachen kaum halten. »Du warst dabei, aber du siehst ja nichts, du Blindschleiche!«

Idi hatte recht. Seit sie ihr den Slime geschenkt hatte, konnte Elli rein gar nichts mehr darin erkennen. Aber das konnte sie trotzdem nicht auf sich sitzen lassen: »Was hast du gesagt?«

Elli nahm ein Sofakissen und warf es Idi an den Kopf. Idi schmiss das Kissen zurück und versuchte Elli damit zu treffen, aber Elli flog hoch und das Kissen sauste haarscharf an einer Vase vorbei, die auf der Fensterbank stand. Elli schoss ihm nach, fing es in der Luft auf und warf es in weitem Bogen wieder zu Idi zurück.

»So hat alles angefangen, weißt du noch, Elli?« Idi fing das Kissen auf. »Damals in Hamburg, nachdem du mit dem Kopf gegen den Palmentopf geknallt bist.«

»Ja, als du mich im Krankenhaus besucht hast, sind auch Kissen durch die Luft geflogen«, grinste Elli. »Aber zu allererst die Klopapierrollen, weißt du noch?«

Sie kicherten bei dem Gedanken daran, wie sie zum ersten Mal versucht hatten, zu hexen.

»Ich hab gleich gewusst, dass wir zusammen gehören.« Elli lächelte Idi an.

»So wie Eva und Matea«, bestätigte Idi. »Nichts kann sie trennen. Nichts kann uns trennen! Alles wird gut.«

»Heute will sie Alexander sagen, dass sie eine Hexe ist.« Elli ließ sich aufs Sofa fallen. »Das hat sie mir gestern Abend versprochen.« Sie dachte nach. »Meinst du, sie sagt es beiden zusammen? Henriette und ihm?«

»Das glaub ich nicht!« Idi schüttelte energisch den Kopf. »Dann hätte sie uns sicher zur Hilfe geholt. Ohne Matea oder uns kann sie ihm lange erzählen, dass sie Zauberkräfte hat, oder?«

»Vielleicht tut sie das noch!«, überlegte Elli. »Denk doch mal nach. Wir sind bei Henriette zu Hause um auf Lou, Ronny und Re aufzupassen und wir bleiben hier, bis Henriette wiederkommt. Mit Eva. Und dann kommt sicher auch bald Alexander, oder?«

»Auweia!« Idi schlug sich mit der Hand vor die Stirn. »Du hast recht! Sie sagt es ihnen heute. Und wir sollen dabei sein!«

Als es plötzlich an der Tür klingelte, zuckten Elli und Idi zusammen. »Wer kann das sein?«, wunderte sich Elli. »Eva und Henriette sind doch gerade erst weggegangen.«

»Guck mal!« Idi war ungewöhnlich leise geworden. »Was ist denn mit Ronny und Re los? Die verstecken sich in der Ecke da. Und bellen tun sie auch nicht!«

Tatsächlich hatten die Hunde sich in die dunkle Ecke zwischen Schrank und Ohrensessel zurückgezogen, und Elli hörte, wie Ronny leise winselte.

»Vielleicht sind das die Hundediebe«, wisperte Idi. »Ob die auf der Suche nach Re sind?«

»Mist! Stimmt! Es muss jemand sein, vor dem die Hunde Angst haben.« Auch Elli flüsterte.

»Wir machen auf keinen Fall auf!«, bestimmte Idi. »Die sollen schön draußen bleiben, diese Tierquäler!«

Gerade als sie das sagte, knackte es hinter ihnen gewaltig. Durch die großen Scheiben vor der Terrasse sahen sie den ekligen Typen von der Reichsstraße mit seinen gelben strähnigen Haaren. Bei ihm war einer der Männer, die Elli in Kreuzberg begegnet waren. Der mit den gelben Haaren hatte eine große Brechstange in der Hand und versuchte, die Terrassentür aus den Angeln zu heben.

»Idi!« Elli griff nach ihrer Hand. »Das kannst du nicht zulassen. Lass die Typen bloß nicht reinkommen.«

Idi sprang hoch und baute sich vor dem Fenster auf. Vor Ellis Augen wurde die Glaswand vor dem Wohnzimmer samt Rahmen und Scharnieren zehnmal so dick wie normal. Die Ganoven konnten ihren Hebel so oft ansetzen wie sie wollten. Diese Fensterwand würden sie nie aufbrechen. Das kapierten selbst diese beiden hohlen Nüsse. Laut fluchend warfen sie die Brechstange weg und wollten abhauen, aber das durfte nicht geschehen.

»Halt sie fest!« Ellis Stimme überschlug sich fast. »Bau was um sie rum! Diesmal dürfen sie uns nicht entkommen!«

»Spinnst du?« Idi konnte es nicht fassen.

»Wieso? Wir müssen sie aufhalten!«

»Willst du die zwei hier sitzen haben, wenn Tante Eva Alexander erzählt, wie schön es ist, mit einer Hexe zusammen zu sein? Verschwinden müssen die. Die kriegen wir ein anderes Mal!«

Zähneknirschend musste Elli ihrer Schwester recht geben. Hundediebe im Garten eingemauert. Das wäre ein denkbar schlechter Einstieg ins Leben mit einer Hexe! Zuerst mussten sie Henriette und Alexander das Blaue vom Himmel runterzaubern. Kuchen und Torten und Sekt. Und keine Betrüger und Ganoven und Hundediebe. Niedergeschlagen sahen sie zu, wie sich die Schurken durch den Garten verdrückten.

»Was machen wir jetzt nur?« Idi ging zu den Hunden, um sie zu streicheln. »Alles wird gut«, raunte sie ihnen zu.

»Ronny und Re sind hier nicht mehr sicher. Die kommen heute Nacht zu mir«, sagte Elli. Diesmal würde sie keinen Widerstand dulden. Wirklich sicher waren die Hunde nur bei ihr, wenn sich sonst alle Hexen um sie herum trennten!

»Jetzt gehen wir nicht mehr mit zur Kiesgrube, oder?«

»Auf keinen Fall! Mir reicht es für heute. Komm, wir decken den Tisch und backen Kuchen für alle!«

»Backen?« Idi zwinkerte Elli zu.

»Na ja, backen ...« Elli grinste zurück. »Was man so *backen* nennt.«

»Ich *backe* einen Schokoladenkuchen mit Himbeerbuttercreme und Schokoglasur mit Smarties drauf«, rief Idi und im gleichen Augenblick stand eine große Schokotorte auf einer feinen Porzellanplatte vor ihnen auf dem Tisch.

»Köstlich, aber ich glaube, ich *backe* lieber eine Zitronentarte mit einer Baiserschicht oben drauf!«

»Ah, wie lecker!« Idi stecke ihre Finger in die Baiserschicht, sobald der Kuchen neben ihrer Torte auf dem Tisch gelandet war.

»Wie wäre es denn noch mit Cookies?«

Und gleich kam ein Schwung Cookies angeflogen und auf jedem Teller, den Idi extra herbeigehext hatte, landete ein Cookie mit Namen drauf: einer für Alexander, einer für Eva, und so weiter.

»Ich will noch Erdbeeren in Schokolade«, schwärmte Elli.

»Und ich hex noch ...« Weiter kam Idi nicht, ein Geräusch, das von der Tür kam, unterbrach sie. Es war Alexander, der vor lauter Staunen seine Aktentasche hatte fallen lassen.

»Oopsie!« Idi grinste Alexander und Henriette, die gerade die Zimmertür geöffnet hatten, schief an.

»Oopsie?«, fragte Eva, die hinter Alexander ins Zimmer reinkam.

»Das kann man wohl sagen!« Sie schüttelte den Kopf.

Alle wussten, was Henriette und Alexander gerade gesehen hatten.

»Papa, was ist hier los?« Henriette zupfte an Alexanders Ärmel, aber ihr Vater antwortete ihr nicht.

Schweigend ging er auf den Esszimmertisch zu und betrachtete zuerst die Torten und dann Elli und Idi. Immer noch schweigend nahm er die große Vase mit den Tulpen, die mitten auf dem Tisch stand, drehte sich wieder zu ihnen um und hob die Vase langsam hoch, bis seine Arme ganz ausgestreckt waren. Dann ließ er sie fallen. Es krachte gewaltig, als sie auf dem hellen Parkett aufknallte. Glassplitter und Tulpen flogen durch den Raum und das Blumenwasser spritzte in hohem Bogen alle nass.

Einen Moment lang sagte keiner ein Wort. Alle schauten auf die kaputte Vase am Boden.

»Und nun?«, fragte Alexander dann.

Da begriff Elli, dass das ein Test war. Sie tauschte einen Blick mit Idi, Idi nickte und reichte ihr die Hand. Wie in Zeitlupe setzten sie die Vase wieder zusammen. Splitter für Splitter, Tulpe für Tulpe, Tropfen für Tropfen. Als würden sie einen Film langsam rückwärtslaufen lassen. Erst blieb alles totenstill, dann klatschte Alexander in die Hände.

»Bravo«, sagte er, ohne die Miene zu verziehen.

Noch war nicht klar, wie er das, was er da gerade gesehen hatte, wirklich fand. Elli und Idi hielten den Atem an vor Spannung. Auch Henriette hatte noch kein einziges Wort gesagt.

»Du kannst das auch, oder?«

Alexander drehte sich zu Eva um.

Eva nickte. »Wenn meine Zwillingsschwester da ist, ja!«

Alexander schüttelte den Kopf und schwieg. Er schien nachzudenken.

»Und unsere Zwillingstöchter?«

Eva wurde rot. So leise, wie Elli sie noch nie hatte sprechen hören, antwortete sie: »Ja. Die auch. Hoffe ich!«

Alexander seufzte, er zog einen Stuhl vom Tisch heran und setzte sich. Elli versuchte, seinen Gesichtsausdruck zu deuten, aber sie wurde nicht schlau daraus.

»Okay!« Endlich kam wieder Leben in Alexander. Ein Lächeln breitete sich auf seinem Gesicht aus. »Hab ich es doch gewusst!«

Triumph schwang in seiner Stimme mit. Grinsend winkte er Elli und Idi näher zu sich heran.

»So, ihr beiden Hexenmädchen. Dann hätte ich jetzt gerne mal einen Ring! Den wollte ich schon die ganze Zeit besorgen, aber vor lauter Kinderzimmereinrichten bin ich zu nichts gekommen.«

Elli und Idi starrten ihn an.

»Was?«, fragten sie gleichzeitig.

»Na, einen Ring. Einen Verlobungsring, wenn ihrs genau wissen wollt. Aber einen schönen, bitte. Roségold für meine Liebste. Mit einem kleinen Stein drin, irgendwas, das schön glitzert, okay?« Er streckte die Hand aus und schon hielt er eine kleine, türkisfarbene Schachtel in der Hand.

»Die Tulpen da dürften ruhig Rosen werden. Rote natürlich«, bestellte Alexander und ging vor Eva auf die Knie.

»Geliebte, wunderschöne Hexe. Willst du meine Frau werden?«

Eva nahm Alexander bei der Hand und zog ihn zu sich hoch.

»Ich will nicht, dass du auf die Knie gehst«, sagte sie. Einen Moment hielten alle die Luft an, aber dann sahen sie Evas breites Lachen. »Aber heiraten will ich dich natürlich schon!«

Bevor Elli sich auch nur rühren konnte, war Henriette auch schon auf Eva und Alexander zugerannt und umarmte beide.

»Ich wollte schon immer bei einem Heiratsantrag dabei sein«, seufzte sie. »Das ist so romantisch!«

Elli musste grinsen. Henriette schien sich mehr für den romantischen Antrag zu interessieren, als dafür, dass sie und Idi hexen konnten. Und eifersüchtig, weil sie ihren Vater teilen musste, war sie offensichtlich auch nicht.

»Merkste selbst«, grinste Idi und stieß ihr den Ellenbogen in die Rippen.

»Ja, ja«, stöhnte Elli und verdrehte die Augen.

»Das ist Matea«, sagte Eva, als es an der Tür klingelte. Sie ging in den Hausflur und machte ihrer Schwester auf.

Ob Alexander Eva jetzt auffordern würde, zu beweisen, dass sie wirklich eine Hexe ist?, fragte sich Elli. Aber Alexander tat nichts dergleichen. Er begrüßte Matea herzlich wie immer und ging danach in die Küche, um Sekt zu holen. Und dann stießen alle auf die Verlobung an.

»Er liebt sie, wie sie ist«, schwärmte Henriette, als sich die Mädchen in Henriettes Zimmer zurückgezogen hatten. Jetzt musste auch Elli grinsen.

»Und ihr könnt zaubern!« Bei Henriette war endlich der Groschen gefallen. »Wie cool ist das denn?«

Eva hat sich völlig umsonst Sorgen gemacht, wie ihre neue Familie ihre Hexenkräfte findet, dachte Elli, während Idi: »Mega cool!« antwortete.

»Das will ich sehen!« Henriette sprang vor Aufregung auf ihrem neuen Bett auf und ab.

Elli und Idi taten ihr den Gefallen. Sie ließen ihre Teddybären durch die Luft tanzen und hexten neue Outfits für Henriette, zu denen sie Schuhe, Ohrringe und schließlich sogar den passenden Nagellack haben wollte.

»So, jetzt reicht es mit der Fashion-Show!«, sagte Idi schließlich und ließ die ganzen Klamotten wieder verschwinden.

»Und keinem was sagen, okay?«, bat Elli.

»Das weiß sonst niemand?« Henriette war entzückt über das Geheimnis.

»Nur Philip«, gab Idi zu, »aber der verrät es auch nicht!«

»Papa will, dass wir, sagen wir mal, *möglichst* normal aufwachsen«, erklärte Elli. »Wir haben es ihm versprochen.«

Ein bisschen hexten sie noch für Henriette, aber schließlich verabschiedeten sich Elli, Idi und Matea von den anderen. Re und Ronny nahmen sie mit.

»Hätten wir das!«, strahlte Idi, als sie sich vor dem Haus von Matea und Elli verabschiedete.

»Schau'n wir mal!«, seufzte Matea. »Beim Hexen ist aller Anfang leicht. Das dicke Ende kann noch kommen ...«

»Ihr Schwarzseher«, stöhnte Idi, »das wird schon werden!«

Sie umarmte erst Elli und dann Matea, bevor sie in Richtung Nachbarhaus verschwand.

»Hoffen wir, dass sie damit richtig liegt!« Matea legte Elli eine Hand auf die Schulter. »Jetzt sind wir zu zweit.«

»Stimmt nicht«, antwortete Elli. »Du, ich, Mihai, Noah, Re und Ronny! Wir sind zu sechst!«

»Wieso seid ihr zu zweit oder zu sechst?«, hörten sie da eine Stimme von der Straße. »Zählen wir nicht? Idi und ich?«

Elli drehte sich um. Es war ihr Vater, der gerade die Straße runter auf das Haus zukam.

»Idi!«, rief Thomas. »Komm, wir fragen diese Leute hier, ob wir noch ein Butterbrot und ein Getränk bei ihnen bekommen.« Idi, die gerade schon an ihrer Haustür angekommen war, drehte sich freudestrahlend um.

»Brot ja«, lachte Matea. »Getränke auch. Aber wenn ihr unbedingt Butter braucht, muss ich diese beiden Junghexen hier darum bitten. Ich bin im Moment nicht in der Lage, alle Wünsche zu erfüllen.«

»Wenn du so lachst, bin ich wunschlos glücklich«, grinste Thomas.

»Rein mit euch!«, sagte Matea schnell. »Wir kriegen euch schon satt! Lachen hin oder her.«

Elli folgte ihrer Mutter, ihrem Vater und ihrer Schwester ins Haus. Vielleicht passiert hier gerade etwas ganz Großes, dachte sie. Vielleicht musste es genau so sein. Nur sie vier. Damit sie eine Chance hatten, wieder eine Familie zu sein. Vor sich hin lächelnd scheuchte sie Ronny und Re ins Haus und schloss die Tür hinter sich. Wie schön, alle hier zu haben, dachte sie.

»Warum habt ihr eigentlich nie geheiratet?«, wollte Idi wissen, als sie zusammen am Küchentisch saßen. Typisch Idi, das einfach so zu fragen.

Thomas und Matea schauten sich an und Elli sah, dass ihre Mutter rot wurde.

»Ich weiß es nicht mehr«, meinte sie und wirkte verlegen. »Es ging alles so schnell. Wir haben uns verliebt und dann war ich auch schon schwanger mit euch. Und dann ...«

Sie schwieg. Alle wussten, was dann passiert war, aber sie hatten noch nie zu viert darüber geredet.

»Dann hab ich Schiss bekommen«, gab Thomas zu. »Sagen wir es doch mal so, wie es ist.«

»Vor Mama?« Idi schüttelte fassungslos den Kopf.

»Nee, vor dir!« Thomas lachte und boxte Idi in die Seite.

»Echt jetzt?«, fragte Idi.

»Nein, natürlich nicht. Vor der ganzen Situation«, erklärte ihre Mutter.

»Und vor Eva«, gestand Thomas.

»Vor Tante Eva?« Das kann doch nicht sein, dachte Elli.

»Das war mal eine ganz schön wilde Hexe, eure liebe Tante Eva«, bekräftigte Thomas und nahm einen Schluck Weißwein.

»Hast du immer noch Angst vor ihr?«, wollte Idi wissen.

»Ach, Quatsch!«

»Na, also, dann könnt ihr ja jetzt ...«, aber Matea schnitt Idi das Wort ab: »Iss auf, Idi. Es ist spät, und morgen ist auch noch ein Tag, oder?«

# Puzzleteile

»Jetzt müssten die anderen bald kommen.« Elli schaute vom Fenster ihres Zimmer heraus auf die Straße. Die ganze Woche über hatten sie es nicht geschafft, sich zu treffen. Erst heute, am Freitagnachmittag, hatten endlich alle wieder Zeit gehabt.

»Ich kapier das nicht, dass ich im Slime nicht sehe, wo die Diebe sind!«, sagte Idi entnervt. »Re hab ich doch auch gesehen! Warum sehe ich die nicht?«

»Mich darfst du nicht fragen«, antwortete Elli. »Ich versteh den Slime eh nicht.«

»Aber Esther haben wir gefunden, als wir sie in der Stadt gesucht haben. Warum klappt das nicht mehr?«

»Keine Ahnung!« Elli zuckte unglücklich mit den Schultern. »Es fühlt sich an, als sei der Empfang gestört. Wir müssen es irgendwie anders versuchen.«

»Weißt du, was cool wäre?«, überlegte Idi, die auf Ellis Schreibtischstuhl saß. »Wenn wir so 'ne Tafel hätten, wie im Film. Wo wir alles, was wir schon wissen, draufschreiben. Und eine große Karte von Berlin, darauf markieren wir die Stellen, wo ihr die Diebe gesehen habt, und wo wir Ronny gefunden haben und so. Alles, was uns einfällt.«

»Ja, wo Hunde vermisst werden«, rief Elli. »Super Idee, Idi! Komm, das machen wir.«

»Wie im Tatort. Da machen die das auch so.«

Elli hatte noch nie Tatort im Fernsehen geschaut. Bei Krimis fürchtete sie sich viel zu sehr. Aber das machte ja nichts, solange Idi wusste, wie alles aussehen sollte. Gemeinsam hexten sie eine Tafel mit Kreiden an Ellis Zimmerwand und daneben einen Stadtplan von Berlin.

»Und noch was zum Markieren!« Idi zauberte eine große Dose mit Reißzwecken auf Ellis Schreibtisch.

»Jetzt ist dann aber genug, oder?«, versuchte Elli sie zu bremsen. »Sonst wundert sich Mark noch, wo unsere ganze Ermittler-Ausrüstung herkommt.«

»Ach, der ...« Idi verzog die Lippen. Es schien ihr nicht zu gefallen, dass Mark auch dabei war. Idi hatte den Sohn der Ex-Freundin ihres Vaters noch nie leiden können. Aber immerhin war er es gewesen, der die Diebe beim ersten Mal aufgespürt hatte.

»Da kommt er!«, rief Elli aufgeregt. Gerade hatte sie durchs Fenster Mark um die Ecke ihrer Straße biegen sehen. Sie rannte die Treppe runter, um ihn hereinzulassen. Er war seit ihrer Geburtstagsparty vor fast zwei Jahren nicht mehr hier gewesen. Da hatten sie im Garten gezeltet. Ihr Zimmer hatte er noch nie gesehen, dachte Elli. Plötzlich fielen ihr die Teddybären auf dem Bett ein. Wenn sie die doch nur weggeräumt hätte! Mark sollte nicht denken, dass sie noch mit Stofftieren spielte. Zu spät. Wenn sie die jetzt noch weghexen würde, würde Idi sich für immer über sie lustig machen.

»Hi«, sagte Mark, als sie ihm die Tür aufgemacht hatte.

»Hi«, antwortete Elli.

»Wo sind denn die Hunde?« Mark schaute sich im Hausflur um.

»Die haben Mama und Tante Eva mit in die Praxis genommen«, erklärte Elli.

»Schade, ich hätte sie so gerne gesehen!«

»Tut mir leid. Aber in der Praxis sind sie sicherer.«

»Wieso?«

Stimmt. Mark wusste noch gar nicht, was passiert war.

»Am Dienstag haben zwei von den Typen versucht, bei Henriette einzubrechen und Ronny und Re zu klauen!«, beeilte sich Elli zu erzählen.

»Echt? Aber sie haben es nicht geschafft, oder was?«

»Nee, Idi hat ...« Sie zögerte. Was sollte sie nur sagen? »Idi hat sie überrascht«, war das einzige, was ihr schließlich einfiel. »Da sind sie abgehauen.«

»Versteh ich gut.« Mark grinste. »Vor der hab ich auch Angst!«

Elli sagte nichts. Warum konnten Idi und Mark sich nicht einfach vertragen? Hoffentlich würden die anderen bald kommen! Da klingelte es zum Glück wirklich schon und Henriette und Philip standen vor der Tür.

»Kommt rein«, sagte Elli. »Wir haben oben schon alles vorbereitet!«

Als sie in ihr Zimmer kamen, hatte Idi schon angefangen, Reißzwecken mit roten Köpfen in die Karte zu stecken.

»Das sind die Orte, an denen Hunde vermisst werden. Ist aber nicht ganz einfach. Adressen sind da nicht immer dabei. Manchmal auch nur die Fotos von den Hunden und eine Telefonnummer.«

»Habt ihr die Bilder ausgedruckt?«, fragte Mark.

»Nee, ich hab keinen Drucker in meinem Zimmer«, sagte Elli. »Die müssen wir uns auf dem Bildschirm anschauen.«

»Okay, können wir ja später machen. Jetzt sammeln wir erstmal alles, was wir wissen!« Elli war froh, dass Philip sich einmischte.

»Angefangen hat alles hier.« Philip steckte eine grüne Reißzwecke dort in den Stadtplan, wo die Kiesgrube war. »Den Typ mit den gelben Haaren haben wir hier gesehen.« Er steckte eine weitere Reißzwecke in die Reichsstraße ein. »Wo noch?« Er reichte Mark eine Reißzwecke. Mark steckte sie in die Eichenstraße in Kreuzberg und nahm sich noch eine. »Und da wo Henriette wohnt. Das ist doch auch hier in der Gegend, oder?«

Henriette wurde blass. »Wie bitte?«

Elli hätte sich ohrfeigen können. Sie hatten Henriette doch gar nichts von dem Einbruchsversuch bei ihr erzählt. Aber Mark wusste das natürlich nicht. Jetzt gab es kein Zurück mehr. Sie mussten Henriette sagen, was passiert war.

»Und jetzt?«, fragte Henriette ängstlich, als sie die Geschichte gehört hatte. »Was ist, wenn sie wiederkommen?«

»Die Hunde sind doch gar nicht bei dir«, versuchte Elli sie zu beruhigen.

»Aber das wissen die Diebe ja nicht. Was ist, wenn sie wiederkommen und ich alleine bin?«

»Wenn die sehen, dass jemand zuhause ist, hauen die ab«, stimmte Mark zu. »Elli und Idi haben sie doch auch nichts getan.«

»Ja«, sagte Henriette. »Klar, die sind ja auch Hexen!«

Einen Augenblick war es ganz leise im Raum. Dann fing Philip wie wild an zu lachen.

»Ha, ha, das stimmt. Mit diesen beiden Hexen würde ich mich auch nicht anlegen!« Elli kapierte, worauf Philip hinauswollte und lachte mit. Aber sie vermied es, Mark dabei anzusehen.

Auch Henriette schien verstanden zu haben, worum es ging, und schwieg schuldbewusst.

»Also, zurück zur Karte!«

Philip markierte Henriettes Haus auf dem Stadtplan.

Mit blauen Reißzwecken versuchten sie nun, Res Weg von Kreuzberg nach Schöneberg und über den Kurfürstendamm ins Westend nachzuvollziehen. Schließlich markierten sie noch alle Stellen, an denen Hunde vermisst wurden. Zumindest die roten Markierungen ergaben ein eindeutiges Bild: es waren fast alles Stadtteile im Südwesten von Berlin: Zehlendorf, Grunewald, Dahlem.

»Das ergibt Sinn«, fand Mark, »da haben die Leute Geld und die Hunde Auslauf!«

Dass die Hunde dort viel Auslauf hatten, war klar. Es waren überall grüne Flächen für Wald und blaue Flächen für Seen auf der Karte eingezeichnet. Elli hätte gerne gefragt, woher Mark wusste, dass die Leute dort reicher waren, aber es war ihr zu peinlich.

»Aber gesehen haben wir ganz viele von den Hunden hier«, sagte sie stattdessen und zeigte auf Kreuzberg.

»Genau, am anderen Ende der Stadt«, stimmte Mark ihr zu. »Schau dir doch die Strecke an, die eure Re da hinter sich gebracht hat. Das sind ...« Er überlegte. »Wie weit ist das? 18 Kilometer?«

»Krass, dafür bräuchten wir mindestens vier Stunden!«, antwortete Idi.

»Aber nur, wenn du schnell bist«, warf Mark ein.

»Und wie lang hat Re gebraucht?«, überlegte Elli laut.

»Ne halbe Stunde, oder so...«, sagte Philip. »Nachdem sie einmal losgelaufen war.«

»Das wären dann etwa 40 Stundenkilometer«, rechnete Henriette vor.

»Rennhunde sind das«, sagte Mark.

»Das beste Pferd im Stall...«, murmelte Elli vor sich hin und kramte gedankenverloren in der Tasche ihrer Jeans. Hatte sie hier nicht noch ein Kaugummi? Kaugummi kauen half ihr manchmal beim Nachdenken. Aber in ihrer Tasche war nur ein altes Stück Papier, das sich anfühlte als sei es schon mindestens einmal mitgewaschen worden. Elli fischte es aus der Hose und warf es auf den übervollen Papierkorb unter ihrem Schreibtisch. Es fiel daneben. Typisch, dachte Elli. Sie wollte es gerade aufheben, als Mark danach griff und darauf starrte.

»Wo hast du das her?«, wollte er wissen.

»Was denn?«, fragte Elli irritiert. Sie hatte gerade in der Schreibtischschublade nach Kaugummis suchen wollen.

»Wo du das her hast!«, wiederholte Mark. »Das ist ein Wettschein!«

»Ein Wettschein?«

Elli wusste nicht, was das ist.

»Das ist dem Gelben aus der Tasche gefallen. Ich weiß auch nicht, warum ich das aufgehoben habe. Ist doch eklig.«

»Vielleicht, weil es ein Hinweis ist?« Bei Idi war der Groschen gefallen. »Mann, Elli, hast du nicht gehört, was Mark gesagt hat? Das ist ein Wettschein. Die machen Hunderennen mit Re und den anderen Hunden! Irgendwo hier in Berlin!«

»Genau!«, sagte Mark.

»Die schließen Wetten ab!« Idi war jetzt richtig aufgeregt. »Damit verdienen sie die Kohle. Die behalten alle Hunde. Die wollen die gar nicht verkaufen!«

Jetzt kapierte es auch Elli: »Klar! Und Re ist ihr bestes Pferd im Stall! Ihr schnellster Hund!« Endlich passten die Puzzleteile zusammen.

»Ist das nicht verboten?« Henriette war zu Tode beleidigt, als sich Mark über sie schlapplachte.

»Was ist verboten?«, fragte er spöttisch, als er wieder Luft bekam. »Hunde klauen? Einbrechen? Illegale Hunderennen? Glücksspiel ohne Genehmigung?«

»Vielleicht haben sie ja eine Genehmigung«, sagte Henriette patzig. Sie hasste es, ausgelacht zu werden. »Pferderennen gibt es schließlich auch. Ich war mal mit Papa auf der Rennbahn in Hoppegarten!«

»Toll«, lobte Mark sie spöttisch.

»Jetzt reicht's«, unterbrach ihn Idi. »Lass Henriette in Ruhe! Schaut euch lieber das mal an!«

Idi hatte im Internet nach dem Stichwort »illegale Hunderennen« gesucht. »Hier steht, dass als Köder für die Hunde manchmal lebendige Kleintiere genommen werden. Die Hunde werden oft unter schrecklichen Bedingungen gehalten. Wenn sie nicht mehr schnell genug sind, werden sie einfach getötet.«

Jetzt schwiegen alle im Raum. Selbst Mark hatte es die Sprache verschlagen.

»Wir müssen was gegen die Bande unternehmen!« Idi hatte sich als erste wieder gefangen. »Damit dürfen sie nicht davonkommen!«

»Wir müssen alle Hunde retten. Nicht nur Ronny und Re«, sagte auch Henriette.

»Aber wie?«, überlegte Philip.

»Wir müssen sie auf frischer Tat erwischen!«, sagte Idi.

»Wie im Tatort.« Elli konnte sich ein Grinsen nicht verkneifen.

»Gutes Stichwort: Tatort!«, rief Mark.

»Wieso?« Elli wusste nicht, was Mark damit sagen wollte.

»Überlegt doch mal. Es muss ein Ort sein, an dem man eine solche Tat vollbringen kann.«

»Hä?« Elli stand immer noch auf dem Schlauch.

Aber Philip und Idi hatten verstanden, was Mark gemeint hatte.

»Genau. Stimmt!«, sagten sie fast gleichzeitig. »Ein Ort, wo ein Hunderennen stattfinden kann«, erklärte Philip. »Das wird ja wohl nicht der Parkplatz vom Rewe im Grunewald sein!«

»Eher möglichst weit entfernt vom Grunewald, wenn da die Hunde zuhause sind!«, stimmte ihm Idi zu.

»Lasst uns doch mal alle nachdenken. Wo könnte so ein Rennen stattfinden? Wir brauchen Platz!«, sagte Philip.

»Und keiner darf es sehen«, fiel Elli ein.

»Weit weg vom Grunewald«, wiederholte Mark.

Einen Moment schwiegen sie. In die Stille hinein sagte Henriette: »Das Tempelhofer Feld!«

Alle starrten sie an.

»Du bist genial!« Elli umarmte Henriette.

Natürlich, das Tempelhofer Feld! Dort hatte der Mini-Marathon stattgefunden, an dem sie mit der Schule teilgenommen hatten, und im Herbst war Thomas mit ihnen zu einer riesengroßen Flugschau gegangen. Unendlich viel Platz war auf dem Gelände des ehemaligen Flughafens Tempelhof im Osten von Berlin.

Philip hob die Hand zum High-Five und glücklich schlug Henriette ein.

»Ihr tut ja gerade so, als hätten wir die Diebe schon geschnappt. Bisschen verfrüht, oder?«, bremste Idi die allgemeine Freude. »Tagsüber sind da viele Leute, die laufen oder Drachen steigen lassen oder skaten oder was auch immer machen. Die Rennen können nur abends oder in der Nacht stattfinden. Wie sollen wir sie da erwischen?«

»Müssen wir halt nachts raus!« Philip schien die Vorstellung zu gefallen.

»Ich weiß nicht«, sagte Henriette gedehnt. »Das erlaubt Papa nie.« Zum Glück sah sie nicht, wie Mark die Augen verdrehte.

Elli war auch nicht wohl bei dem Gedanken, heimlich nachts durch Berlin zu ziehen. Es klang zwar spannend, aber ihr Vater wäre auch alles andere als begeistert, wenn er davon erfahren würde. Sie überlegte.

»Eine Idee hätte ich noch ...«, sagte sie schließlich. »Vielleicht können wir die Diebe auch tagsüber in eine Falle locken. Immerhin haben wir etwas, das sie gerne wiederhaben wollen.«

»Re«, sagte Idi.

»Spinnst du? Re als Köder?« Philip sah sie wütend an.

»Ich denke, es sollte uns gelingen, sie zu beschützen«, beruhigte Idi ihn.

»Re selbst ist auch clever. Einmal ist sie ihnen auf jeden Fall schon entkommen! Und mit Ronny zusammen muss sie den Dieben auch schon mal ausgerissen sein, sonst hättet ihr Ronny ja nicht an der Kiesgrube finden können«, stimmte Mark ihr zu.

»Okay«, sagte Philip gedehnt. »Was schlagt ihr vor? Wann und wo wollen wir sie in die Falle locken?«

»Morgen!«, sagte Henriette.

»Das geht nicht«, sagte Philip. »Da hab ich Training. Und Idi auch.«

»Dann am Sonntag?«, fragte Elli. »Da haben wir den ganzen Tag Zeit, mit Re durch Berlin zu spazieren. Vielleicht fangen wir am Tempelhofer Feld an, kann doch sein, dass sie da in der Nähe wohnen.«

»Also latschen wir mit Re quer durch die Stadt zum Tempelhofer Feld und schauen, ob sie uns irgendwo auflauern?«, fragte Philip.

»Warum denn nicht?«, verteidigte Elli den Plan. »Wir lassen die Diebe Re klauen, und dann verfolgen wir sie. Wenn wir wissen, wo die Hunde untergebracht sind, holen wir uns Re zurück, ohne dass sie es merken, und dann schnappen wir uns alle beim nächsten Hunderennen.«

»Warum rufen wir nicht gleich die Polizei, wenn wir sehen, wo die Hunde sind?«, wandte Henriette ein.

»Besser nicht«, sagte die Tatort-erfahrene Idi. »Wenn es blöd läuft, kriegen wir nur die beiden Deppen, die die Hunde klauen und nicht die, die Rennen veranstalten. Dann gehen die einfach woanders hin und machen dort weiter mit ihrer Tierquälerei!«

»Ganz schön riskant«, warf Mark ein. »Was ist, wenn eurem Hund was passiert? Ich bin dafür, dass wir ihnen nachts auflauern und die Hunde aus der Geschichte rauslassen.«

Aber Mark wurde überstimmt.

»Auf Re passen wir auf«, sagte Idi und damit war das Thema erledigt.

Dann steckten sie auf dem Stadtplan die Strecke ab, die sie zum Tempelhofer Feld gehen wollten. Mark sollte vorausgehen, Elli und ldi mit Re folgen, und Henriette und Philip würden die Nachhut bilden. Sie verabredeten sich für vierzehn Uhr am Sonntag. Früher würden Ganoven, die nachts illegale Hunderennen veranstalteten, sicher nicht aufstehen. Darin waren sich alle einig. Als sie sich an der Tür verabschiedeten, kamen gerade Eva und Matea mit Ronny und Re nach Hause. Elli merkte, dass Matea sich wunderte, Mark zu sehen, aber natürlich war sie viel zu höflich, etwas zu sagen.

Mark konnte es nicht auffallen, er war begeistert, die Hunde zu sehen. »Oh, wie cool! Jetzt lern ich sie doch noch kennen.« Er streichelte Res Kopf und ging dann in die Knie, um Ronny anzuschauen. »Schön sind die«, sagte Mark. »Echte Hunde. So einen hätte ich auch gerne!« Als Re ihm freundlich das Gesicht ableckte, das genau in der Höhe ihrer Schnauze war, lachten alle.

»Bis morgen!« Elli winkte ihren Freunden hinterher. Dann ging sie mit ihrer Mutter ins Haus.

»Wieso war Mark denn da?«, wollte Matea tatsächlich wissen, sobald Elli die Tür geschlossen hatte.

»Warum denn nicht?«, antwortete Elli und Matea war klug genug, nicht weiter nachzufragen.

# Matea geht aus

Am Samstagmorgen wachte Elli von einem ohrenbetäubenden Krach auf. Als sie die Augen öffnete, sah sie Matilda und Esther links und rechts von ihr auf dem Bett sitzen. Sie trugen karierte Kostüme mit Jacke und kurzem Rock und seltsame runde Hütchen. Beide hatten schwarze Haare, orangen Lippenstift und auf ihren überlangen Fingernägeln den passenden Nagellack. Eine Sekunde lang wusste Elli nicht, wer von beiden wer war. Dann erkannte sie ihre Oma Matilda an ihrem Lächeln.

Der Krach kam aus einem CD-Player, den Esther auf dem Schoß hatte. Eigentlich war es kein Krach, es war nur Musik, die viel, viel zu laut war. Zum Krach wurde es nur, weil Esther schrecklich laut und falsch das Lied mitsang: »Es gibt nichts, was mich hält, au revoir… «

Elli drückte sich beide Hände auf die Ohren. »Macht das aus!«, verlangte sie. »Ronny fürchtet sich sicher bei dem Lärm!«

»Was denn für ein Ronny?«, schrie Esther gegen die Musik an.

»Mein Hundewelpe!«, schrie Elli zurück.

»Hunde?«, kreischte Esther. »Die Viecher hab ich rausgeschmissen. Kann die nicht leiden! Was machst du mit denen? Ganz und gar unhexisch!«

Ein böser Blick von Elli auf den CD-Player reichte und das Ding ging aus.

»Du hast was gemacht?« Ellis Stimme war ganz leise, so wütend war sie.

»Esther hat sie rausgeschmissen«, sagte Matilda vergnügt. Ellis Stimmung schien sie nicht zu bemerken. »Hunde und Hexen, das passt einfach nicht zusammen. Da muss ich Esther ausnahmsweise mal recht geben.«

Elli stöhnte entnervt auf. Nun ging das wieder los. Sie schloss die Augen und dachte an Ronny und Re. Sie musste die Hunde unbedingt hierher in Sicherheit zaubern.

»Was machst du da?«, fragte Matilda. Sie legte ihren Kopf schräg und betrachtete Elli interessiert.

»Sie will die Viecher herzaubern«, erklärte Esther und schnalzte mit der Zunge: »Ts, ts, ts ... So was will eine besondere Hexe sein! Weißt du nicht, dass du Tiere nicht wie wild durch die Gegend zaubern kannst?« Über so viel Unwissen konnte sie nur den Kopf schütteln. Matilda schüttelte ihren gleich mit.

»Also, da muss ich Esther ...«, fing sie wieder an. Am liebsten hätte Elli die Bettdecke, auf der die beiden saßen, so schnell weggezaubert, dass sie vom Bett gepurzelt wären, aber sie riss sich zusammen. Es ging nicht um sie, es ging um Ronny und Re. Sie sprang aus dem Bett, rannte zu ihrem Fenster und seufzte vor Erleichterung, als sie die beiden Hunde im Vorgarten entdeckte. Ronny und Noah spielten fröhlich mit einem von Noahs Katzenbällen. Re hatte es sich neben Mihai und Nero auf deren Lieblingsplatz neben dem Rosenstrauch bequem gemacht.

Elli rannte die Treppe runter und riss die Haustür auf, um die Hunde hereinzulassen. Sofort sprang Ronny um sie herum und schnappte mit ihren spitzen Zähnen nach Ellis Händen und Beinen. Elli wehrte sich lachend. Re hingegen stupste ihr mit ihrer schönen stolzen Schnauze dankbar in die Kniekehle. Re war wirklich so weise, wie ihr Name es sagte, fand Elli.

Nachdem sie im Bad verschwunden war und sich angezogen hatte, ging sie in die Küche, um die Hunde zu füttern. Esther und Matilda folgten ihr.

»Warum kann ich keine Tiere herzaubern?« Elli streichelte Res Rücken, während sie darüber nachdachte.

»Keine Ahnung.« Matilda zuckte mit den Achseln. »Geht halt nicht.«

Das war mal wieder typisch. Esther und Matilda hatten zwar als Hexen mehr erlebt als Elli, aber etwas daraus gelernt hatten sie nicht. Oder jedenfalls konnten sie das, was sie wussten, nie richtig erklären.

»Ich habe aber mich und meine Freunde schon mal an einen anderen Ort gehext«, fiel Elli ein, während sie daran dachte, wie sie sich und Philip zu Henriette an den See gezaubert hatte.

»Das nennt man fliegen, du Dummerchen!«, erklärte Esther hoheitsvoll.

Esther und Matilda setzten sich an den Küchentisch und hexten sich Frühstück. Es gab Earl Grey-Tee und gebutterten Toast mit Spiegeleiern, gebackenen Bohnen und kleinen Würstchen.

»Was ist das?« Elli holte sich einen Joghurt aus dem Kühlschrank.

»Wir gewöhnen uns an die englische Küche«, erklärte Esther. »Immerhin wandern wir dieser Tage aus.«

»Und was heißt das, dieser Tage?«, wollte Elli wissen.

»Na, heute oder morgen oder übermorgen!« Matilda biss krachend in ihr Toastbrot.

»Einen wunderschönen guten Morgen«, wünschte Matea, die gerade in ihrem Schlafanzug in die Küche kam. »Das sieht aber lecker aus. Bekomme ich auch Toast mit Bohnen und Spiegelei?« Sie setzte sich neben Elli an den Tisch und Matilda servierte ihr eine große Portion.

»Oh, das kann ich nicht alles essen. Ich bin nachher noch zum Mittagessen verabredet.«

»Mama«, wandte Elli sich an ihre Mutter, »warum kann man Hunde nicht von einem Ort an einen anderen zaubern, aber Sachen schon und Menschen auch?«

Matea biss von ihrem Toast ab, kaute und überlegte kurz. »Ich glaube, es liegt daran, dass man über Sachen verfügen kann, aber über Lebewesen nicht. Wenn du Menschen von einem Ort an den anderen hext, manipulierst du sie auf gewisse Weise. Bewusst oder unbewusst. Tiere, nicht nur Hunde, lassen sich nicht so ohne Weiteres manipulieren.«

»Was bedeutet das? Manipulieren?«

Elli kannte das Wort nicht.

»Das bedeutet, dass du sie beeinflussen kannst.«

»Weißt du noch, wie du in Hamburg Esther und Matilda getrennt hast?«

Esther schnaubte vernehmlich am anderen Tischende. »Eine Unverschämtheit war das. Das hatte ich schon fast wieder vergessen! Wie kommst du dazu, mich jetzt daran zu erinnern!«

Matea beachtete Esther nicht, sondern unterhielt sich weiter mit Elli. »Damals hast du nicht nur Menschen von einem Ort an den anderen gehext. Du hast ein Hexenpaar getrennt. Das ist schon ein Beweis dafür, wie stark die Magie bei dir ausgeprägt ist!« Matea streichelte Elli stolz über den Kopf.

»Oder wie leicht manche Leute zu beeinflussen sind«, überlegte Elli halblaut und schaute zu, wie Matilda sich Unmengen von Zucker in ihren Tee schaufelte.

»Hast du was gesagt?«, fragte Matilda, als sie Ellis Blick bemerkte.

»Nö!« Elli grinste. Sie hatte eine Idee.

»Also dieser Tage können wir noch nicht nach London ziehen«, sagte Matilda plötzlich und tat sich einen letzten Löffel Zucker in ihren Tee. »Wir haben noch so viel vor hier. Wir haben gesagt, dass wir uns um Gerlinde kümmern. Und den Mädchen haben wir versprochen, dass wir sie mit zur Walpurgisnacht nehmen!«

»Was?«, fragten Matea und Esther gleichzeitig und es war schwer festzustellen, wer von ihnen entsetzter war.

»Wir ziehen nicht diese Woche nach London?«

»Ihr wollt mit den Kindern auf den Blocksberg?«

Während Elli immer breiter grinsen musste, schlug sich Matilda vor Schreck die Hand vor den Mund. Wahrscheinlich hatte sie Esther gerade zum ersten Mal in ihrem Leben widersprochen.

»Äh, ich meinte ...« Matilda stotterte, aber dann fing sie einen Blick von Elli auf.

»Ja, genau. Wir bleiben hier bis nach der Walpurgisnacht. Versprochen ist versprochen!« Und wieder war sie ungewohnt entschlossen.

Wütend warf Esther ihren Löffel auf den Teller, dass das Eigelb nur so spritzte.

»Ich gehe!«

»Wenn du jetzt gehen willst, musst du wirklich gehen. Aus dem Fliegen wird dann nichts, denn ich frühstücke hier noch mit meiner Tochter und meiner Enkelin.«

In aller Seelenruhe goss Matilda sich Milch in den Tee, rührte ihn um und trank ihn in lauten Schlucken. »Köstlich!«, verkündete sie. »Was ist?«, rief sie dann. »Was starrt ihr mich alle so an?«

»Alles gut!« Elli war zufrieden. Geräuschvoll schob Esther ihren Stuhl nach hinten und stand auf, um beleidigt im Wohnzimmer zu verschwinden. Matilda frühstückte in Ruhe weiter und plauderte mit Elli und Matea.

Als sie schließlich doch beide zusammen davonflogen, schauten Elli und Matea ihnen nach.

»Ihr neues Selbstbewusstsein wird nicht lange halten!«, mutmaßte Matea. »Schon ist sie wieder unter Esthers Einfluss.«

»Ich spüre sie auch jetzt«, sagte Elli. »Ich muss sie nicht sehen, um ihr ein bisschen gegen Esther zu helfen. Ich glaube, es wird funktionieren.«

»Du bist wirklich etwas ganz Besonderes, Elli!« Matea streichelte Elli über die Wange.

»Jeder ist besonders – auf seine Art!«

»Da hast du recht«, stimmte Matea ihr zu. »Ich geh mich anziehen«, sagte sie dann. »Ich schaffe diesen Berg Bohnen wirklich nicht mehr.«

»Kann ich mitkommen?« Elli stand auf.

»Klar!« Matea ging vor Elli die Treppe hinauf.

In Mateas Zimmer war ein kleiner Tisch mit einem Spiegel daran. Dort hatte Matea ihre Haarbürsten und Schminksachen und in einer der Schubladen bewahrte sie ein paar Ketten und Ringe auf. Elli setzte sich auf den Hocker vor dem Tischchen. Sie liebte es, die Sachen ihrer Mutter anzuschauen. Ihre Lieblingskette war eine feine Goldkette, an der zwei kleine Sternanhänger waren. Einer in Gelbgold und einer in Rosé. Elli wusste, dass Papa sie ihr geschenkt hatte, als Idi und sie geboren worden waren. Früher hatte Matea die Kette nicht getragen, aber seit Idi wieder da war, hatte sie sie jeden Tag um.

»Ich glaube, ich nehme das rote Kleid!«, rief Matea aus dem Bad und zeigte es Elli durch die halboffene Tür. »Willst du mir einen passenden Lippenstift dazu raussuchen?«

»Du ziehst ein Kleid an?«, wunderte sich Elli. Matea trug lieber Hosen als Kleider.

»Wenn man schon mal zum Essen eingeladen ist!«

Matea kam aus dem Bad.

»Schön?«, fragte sie.

»Wunderschön!«, sagte Elli. Ihre Mutter setzte sich neben sie an den Tisch. »Hast du einen Lippenstift?«

»Nee, noch nicht.« Elli kramte in dem Täschchen mit den Schminksachen rum. »Der?«

»Warum nicht?«

Elli schaute zu, wie sich ihre Mutter schminkte. Wimperntusche und Lippenstift und einen Hauch von Rouge.

»Fertig«, sagte Matea. Sie sprühte sich nur noch ein bisschen Parfüm auf den Hals. Matea hatte immer das gleiche Parfüm aus einem knallroten Flakon mit weißen Blumen drauf, und Elli liebte diesen Duft, seit sie denken konnte.

»Hier ist auch noch die Kette«, sagte sie und gab sie Matea.

»Danke!«

»Mit wem gehst du eigentlich Mittagessen?«, fragte Elli.

»Na, mit Papa! Hab ich das nicht gesagt?«

Nein, das hatte sie nicht gesagt. Elli hatte es nur gehofft.

»Aber vorher geh ich noch eine Runde mit Ronny und Re raus. Kommst du mit?«

»Ich kann nicht. Ich hab so viele Hausaufgaben. Ich geh heute Nachmittag mit ihnen, okay?«

»Kein Problem!« Matea wollte gerade aufbrechen, als ihr plötzlich etwas einfiel: »Über den Blocksberg reden wir noch mal. Ich finde nicht, dass das eine gute Idee ist.«

Elli stöhnte. Hätte ihre Mutter nicht einfach gehen können, ohne das zu sagen? Gerade war alles so schön gewesen!

»Mann, Mama! Warum denn nicht?«

»Ich sag doch nur: Darüber reden wir noch mal«, rief Matea von unten und zog die Tür hinter sich zu.

Enttäuscht ging Elli in ihr Zimmer und setzte sich an ihren Schreibtisch. Sie hatte wirklich viele Hausaufgaben auf. Vor allem in Englisch. Sie mussten Wegbeschreibungen lernen. Erklären, wie man von einem Ort zum anderen kommt auf der Karte von London. Eigentlich wäre es interessant, wenn nur Englisch nicht so schwer wäre. Elli holte ihr Buch aus der Schultasche und schaute auf den Stadtplan von London mit Big Ben und dem Riesenrad London Eye und dem alten Königspalast, dem Tower of London.

Vielleicht ist es ja doch nicht so schlimm, wenn Esther und Matilda dorthin ziehen, dachte sie. Elli und Idi könnten sie schließlich besuchen. Papa würde es sicher gefallen, wenn die zwei Oberhexen in einer anderen Stadt wären. Wo sie wohl wohnen würden? Elli las die Namen der Stadtteile. Notting Hill oder Camden? Oder würden sie auf die andere Seite der Themse ziehen? Pimlico klang lustig, oder Battersea. Den Abschied würden sie in der Walpurgisnacht auf dem Blocksberg feiern. Matea musste es einfach erlauben!

Elli zuckte zusammen, als unten die Haustür ins Schloss fiel.

»Elli!«, rief Matea. »Sie haben Re geklaut! Schnell, du musst mitkommen!«

»Was?« Elli rannte die Treppe runter zu Matea, die völlig aufgelöst war.

»Es waren zwei Männer! Sie haben mir aufgelauert. Oben an dem Waldstück zwischen Teufelsseechaussee und Waldschulallee standen sie mit ihrem Lieferwagen. Re hat sie gerochen. Sie hat es geschafft wegzurennen, aber Ronny nicht. Sie haben sich Ronny geschnappt. Re ist ihnen nachgerannt, sie hat einen von ihnen so doll gebissen, dass er Ronny wieder losgelassen hat. Aber der andere hat sie mit einem Netz eingefangen, bevor ich etwas tun konnte! Dann bin ich mit Ronny weggerannt, so schnell ich konnte.« Matea war außer sich. »Es tut mir so leid, Elli. Ich hab nicht aufgepasst auf eure Hunde!«

»Du kannst ja nichts dafür! Es ist meine Schuld.« Elli hatte ein furchtbar schlechtes Gewissen. »Ich hätte dir sagen müssen, dass diese Männer schon mal versucht haben, sich Ronny und Re wiederzuholen. Bei Henriette.« Sie musste schlucken. »Ich hätte sie beschützen müssen! Ich bin schuld.«

»Niemand ist schuld«, sagte Matea. »Aber wir müssen sie wiederholen! Nur wie?«

Elli überlegte. »Ronny muss zu Esther und Matilda. Die beiden können auf sie aufpassen! Ich suche Re. Du gehst zu deiner Verabredung.«

»Ich lass dich doch nicht alleine nach diesen Dieben suchen!«

»Mama, du hast doch keine Kräfte ohne Tante Eva. Und du wirst ja wohl nicht mit ihr auf Verbrecherjagd gehen. Jetzt, wo sie schwanger ist.«

»Nein, natürlich nicht«, gab Matea zu. »Aber alleine bin ich machtlos gegen sie.«

»Dann lass mich es machen! Du hast selbst gesagt, dass ich gut hexen kann!« Elli versuchte, tapferer zu klingen, als sie sich fühlte.

»Ja, du kannst besser hexen als wir alle. Aber mir wäre wohler, wenn Idi auch dabei wäre!«

Elli überlegte. Mama hatte recht. Idi musste mitkommen. Ohne Idi war Elli viel schwächer. Es stimmte nicht, dass sie besser hexen konnte als Idi. Erde konnte sie nur ganz schlecht!

»Ich hole Idi vom Schwimmen ab,« sagte sie, »zusammen sind wir stärker.«

»Bitte sei vorsichtig, bis du bei Idi bist. Mit ihr zusammen natürlich auch, okay, Elektra?«

An den letzten Satz, den sie zu Matea sagte, musste Elli hinterher noch oft denken.

»Mann, Mama. Was soll mir schon passieren? Ich bin eine Hexe!«

# Rettet Re!

Wie Elli erwartet hatte, war Idi wenig begeistert davon, dass ihre Schwester plötzlich am Rand ihres Trainingsbeckens stand.

»Mann, Elli ...«, schimpfte sie aus dem Wasser.

»Mann, Idi! Der Gelbe und sein Kumpel haben Re geklaut. Ich brauch dich, komm!«

Schneller war selbst Idi noch nie eine Bahn geschwommen und aus dem Becken gesprungen.

»Es ist ein Notfall!«, rief sie ihrem Trainer zu, der ihr empört nachschaute, als sie die Schwimmhalle verließ.

»Dass das bloß nicht einreißt«, rief er ihnen hinterher. »Hier wird das Training ernst genommen!« Aber Elli und Idi beachteten ihn nicht. Idi zerrte Elli mit sich in die Umkleidekabine.

»Wie konnte das passieren! Wieso hast du nicht auf sie aufgepasst?«

»Mama ist mit Ronny und Re spazieren gegangen«, erklärte Elli. »Ich hab einfach nicht daran gedacht, dass den beiden bei ihr etwas passieren könnte. Es tut mir leid.«

»Ist ja nicht deine Schuld. Da hätte ich auch nie dran gedacht!« Idi war schon angezogen. Statt sich die Haare zu föhnen, ließ sie einfach mit einer Handbewegung das Wasser aus ihnen verschwinden.

»Wir müssen los!«, rief sie.

»Nur wohin?«, überlegte Elli. »Ich hab's versucht, aber ich spüre nicht, wo Re sein könnte. Es ist wie eine Blockade, sie halten sie irgendwo, wo ich nicht an sie herankomme.«

»Der Slime bringt dann wahrscheinlich auch nichts«, vermutete Idi. »Den Gelben und die anderen konnte ich auch nicht sehen. Wie machen die das?«

»Keine Ahnung!«

Sie standen unschlüssig vor dem Schwimmbad.

»Lass uns hier verschwinden«, sagte Idi. »Mein Trainer glotzt uns schon die ganze Zeit genervt durch die Glaswand an!«

»Wohin sollen wir denn gehen?«

»Wir fliegen zum Tempelhofer Feld!«, bestimmte Idi. »Vielleicht gibt es da einen Hinweis auf Hunderennen oder Wettbüros oder so.«

»Meinst du, das bringt was?« Elli überlegte, aber ihr fiel auch nichts Besseres ein.

»Oder wir holen Ronny ab und stellen den Dieben eine Falle. So, wie wir es mit Re geplant hatten! Zu zweit ist es wahrscheinlich sogar besser! Uns kann nichts passieren!«, sagte Idi.

»Zwei weiß ich, die begeistert wären von der Idee«, überlegte Elli.

»Wer denn?«, fragte Idi.

»Na, Esther und Matilda! Das Theater hättest du mal erleben sollen, als ich vorhin Ronny bei ihnen abgegeben habe.«

»Du hast Ronny bei den Omas gelassen? Spinnst du? Auf die können wir uns überhaupt nicht verlassen und außerdem hassen sie Hunde.«

»Was sollte ich denn tun?«, fragte Elli. »Sie sind die einzigen Hexen, die zusammen sind und ihre Kräfte haben.«

»Kraft vielleicht, aber kein Hirn und nur ein Herz! Wieso hast du sie nicht zu Beate Belzig und ihrer Schwester gebracht?«

»Mist, an die beiden habe ich überhaupt nicht gedacht!« Jetzt wurde Elli auch nervös. »Okay, los zu Esther und Matilda und danach mit Ronny zum Tempelhofer Feld!«

Aber sie hatten sich getäuscht, was Esther und Matilda anging. Als sie in der Maaßenstraße angekommen waren, hatten die Omas ihr Wohnzimmer in einen Hundeparcours verwandelt. Auf einer Zuschauertribüne an der Längswand saß Matilda und feuerte Ronny mit einer bunten Plastikratsche an. Neben ihr saßen Samira und Saphira, die Siamkatzen von Esther und Matilda, und drehten der Szene um Ronny beleidigt den Rücken zu. Esther stand in der Mitte des Parcours. Sie trug hohe Stiefel, eine knallenge, weiße Hose und eine weite türkisfarbene Jacke mit rosa Streifen. Als irgendetwas hatte sie sich verkleidet. Nur als was? Ronny hatten sie eine kleine Rennweste mit der englischen Flagge und der Zahl 7 darauf angezogen. Die kleine Ronny war begeistert von dem Spiel und hüpfte wie eine Irre über die Hindernisse, die Matilda und Esther für sie dorthin gezaubert hatten.

»Ihr könnt Ronny nicht mitnehmen!«, rief Matilda ihnen entgegen. »Wir haben gerade so viel Spaß hier!«

»Ich dachte, ihr hasst Hunde«, sagte Idi.

»So ein Blödsinn!« Esther schüttelte den Kopf. »Wer behauptet denn so einen Quatsch! Ronny ist der beste Hund der Welt!«

»Also in diesem Punkt muss ich Esther ausnahmsweise mal recht geben!«

»Okay.« Elli zwinkerte Idi zu. »Ronny ist also in Sicherheit! Den Dieb möchte ich erleben, der es schafft, den Omas ihren neuen Liebling wegzunehmen.«

»Stimmt«, grinste Idi.

»Lass uns allein weitersuchen«, schlug Elli vor. »Ich hatte sowieso Angst, sie in Gefahr zu bringen.«

Gemeinsam machten sie sich auf den Weg zum Tempelhofer Feld. Die Sonne schien, der Himmel war strahlend blau und die Temperatur war, wie so oft in Berlin, über Nacht um zehn Grad gestiegen. Überall in dem großen Park waren Jogger, Radfahrer, Skater und jede Menge Menschen, die mit ihren Hunden oder Kindern spazieren gingen und den ersten Frühlingstag genossen. Aber das Feld war so riesig, dass es trotzdem noch leer wirkte.

Irre, so viel freie Fläche mitten in der Stadt, dachte Elli. Was für ein seltsamer Ort: Das endlos lange Gebäude des ehemaligen Flughafens und dieser schneeweiße Radarturm mit der Kugel oben drauf, die aussah wie ein riesiger Golfball, den jemand vom Mond heruntergeschossen hatte.

Aber ob sich der alte Flugplatz wirklich für Hunderennen eignete? Müssten die nicht irgendwie in Bahnen laufen? Elli schaute sich um, aber nirgendwo auf dem Feld entdeckte sie etwas, das wie ein abgetrennter Bereich aussah. Da fiel ihr Blick auf den Boden. Hier gab es etliche Markierungen. Reste der ehemaligen Bemalung der Startbahn der Flugzeuge, aber auch Straßenbilder und Laufstrecken, die eingezeichnet waren. Fast jede dieser Spuren könnte den Verlauf einer Strecke oder eine Start- oder Ziellinie markieren, dachte sie.

»Komm, wir fliegen noch mal eine große Runde übers Feld«, rief sie Idi zu. »Ich habe im Internet gelesen, dass Hunderennen normalerweise 480 Meter lang sind. Wir suchen jetzt also zwei

Markierungen, die etwa einen halben Kilometer voneinander entfernt sind!«

Langsam drehten Elli und Idi ein paar Runden über das Feld. Immer wieder mussten sie bunten Lenkdrachen aus dem Weg fliegen, die Leute auf dem Feld steigen ließen. Es machte so viel Spaß, mit ihnen um die Wette zu sausen, dass Elli fast vergessen hatte, was sie suchten, als sie plötzlich die Stimme ihrer Schwester hörte.

»Die da!« Idi zeigte auf eine dicke rote Linie, die quer über die ehemalige Startbahn verlief. »Die ist auf den Zentimeter genau 480 Meter von dieser ...« Idi schoss in die Luft und landete kurz darauf an einem anderen Punkt auf dem Feld. »... entfernt.«

Elli, die Idi nachgeflogen war, landete neben ihr und schaute sich um. Das war alles, was sie hatten? Zwei orange Linien auf dem Asphalt, die im richtigen Abstand voneinander entfernt waren? Viel ist das nicht, dachte sie. Dann zuckte sie zusammen.

»Elli«, rief Idi, »schau mal, da sind Abdrücke von Hundepfoten, direkt in der orangen Farbe!«

»Hier sind ja auch überall Hunde!«

Elli blickte sich auf dem Tempelhofer Feld um. »Das ist noch kein Beweis.«

»Doch, schau doch mal genauer hin, da sind auf der ganzen Länge der orangen Linie Abdrücke. Die haben die Markierung mit der Farbe gezogen und ganz kurz danach sind die Hunde hier gestartet. Ich bin mir sicher.«

Jetzt schaute sich auch Elli die Linie genauer an.

»Stimmt. So muss es gewesen sein! Irre, oder? Die markieren die Strecke, dann gibt es sofort ein Rennen und schon sind sie wieder weg? Vielleicht gibt es viele solcher Strecken in der Stadt.«

»Oder sie kommen immer wieder hier her! Ist doch einfach perfekt der Ort, oder?«

»Kann alles sein. Viel weiter bringt es uns leider auch nicht«, seufzte Elli.

»Wir müssen ihnen auflauern. Sie beim Rennen erwischen und ihnen Re wieder abnehmen.« Idi klang fest entschlossen.

Elli war bei dem Gedanken daran, hier bei Dunkelheit den Dieben aufzulauern, überhaupt nicht wohl. »Wann geht denn jetzt die Sonne unter?«, fragte sie Idi.

»So um halb sechs rum«, antwortete Idi, nachdem sie ihr Handy gecheckt hatte. »Vielleicht müssen wir gar nicht die ganze Nacht warten? Vielleicht kommen die auch, sobald es dunkel ist.«

»Wir haben sowieso keine Wahl!«, sagte Idi. »Sie haben Re! Schon vergessen?« Das stimmte natürlich.

»Es ist auch schon halb fünf. In einer Stunde wird es dunkel. Wir setzen uns hier in ein Café und warten«, schlug Idi vor.

»Okay.« Elli zögerte. Sie war nicht gerade begeistert von der Idee. Trotzdem flog sie Idi auf der Suche nach einem Café hinterher.

»Guck mal, da!« Idi hatte etwas entdeckt. »Siehst du die beiden Ohrensessel auf der Straße da? Lass uns dahinfliegen.«

Von oben sah jetzt auch Elli zwei große Sessel mit goldenen Bezügen, die einfach mitten auf dem Gehweg standen. Cool, dachte Elli und flog ihrer Schwester hinterher. Als sie ankam, saß Idi bereits in einem der Sessel und grinste Elli zur Begrüßung an.

»Lass uns lieber reingehen!« Elli schüttelte sich. »Mir ist kalt.« Eigentlich war ihr gar nicht kalt. Sie wollte nur nicht auf der Straße sitzen, wo sie von allen gesehen werden konnte. Als sie in das Café traten, gefiel es Elli sofort dort. Richtig gemütlich war es. Der Raum war so eingerichtet, wie man sich das Wohnzimmer einer echten Oma vorstellte. Ein großer Kristallleuchter an der Decke, weiche Sessel und überall an den Wänden Lampen mit kleinen, vergilbten Schirmen, die ein gelbliches Licht ausstrahlten.

Zufrieden seufzend ließen sich Elli und Idi in die großen Sessel fallen und bestellten heißen Apfelstrudel mit Vanilleeis und zwei Tassen Kakao.

Während sie die Sahne von ihrem Kakao löffelte, hatte Elli schon fast vergessen, warum sie hier waren. Da hörte sie plötzlich einen Fetzen des Gesprächs an der Bar. Es waren zwei Männer, die sich unterhielten, und es ging um Hunde. Elli stieß Idi den Ellenbogen in die Seite und legte den Finger auf die Lippen. »Pssst!«

Sie drehten sich nicht um, sie hörten nur zu.

»Die Hunde sind verladen«, sagte gerade einer der Männer. »Wenn ich mein Bier ausgetrunken habe, fahren wir.«

»Ich kapier nicht, warum wir nicht hierbleiben. Ich habe gerade erst die Strecke vermessen und aufgemalt«, jammerte der andere.

»Die Chefin will es so!«

Eine weitere Erklärung musste es anscheinend nicht geben.

»Wo soll es denn diesmal hingehen?«

Der Mann war eindeutig genervt.

»Mommsenstadion, Westend!« Sie hörten, wie der andere eine Pause machte, um etwas zu trinken. »Da in der Nähe wohnen die Kinder, die uns die Köter geklaut haben«, fuhr er dann fort. Elli und Idi hielten den Atem an, als der Mann weiter über sie redete. »Die Chefin sagt, dass uns zwei Gören nachspionieren. Sie meint, die kommen dahin. Dann sollen wir ihnen auch das andere Vieh wieder abnehmen.«

»Welches Vieh?« Der Hellste schien der Typ nicht zu sein. Elli hatte sofort verstanden, dass es um Re ging.

»Mann, der Hund von der Chefin, du Idiot.«

Dem Typen schien es nichts auszumachen, beschimpft zu werden. »Irgendwelche Kinder spionieren uns nach, oder was?«, fragte er bloß. »Sag mal, hab ich hier nicht gerade zwei Rotzgören gesehen, als ich auf dem Klo war? Hab mich schon gewundert, was die in so einem Oma-Laden machen.« Sie hörten, wie ein Barhocker über den Boden geschoben wurde. Einer der Männer musste aufgestanden sein. Der Boden knarzte, er kam auf sie zu. Schnell griff Elli nach Idis Hand. Der Typ, der jetzt ihren Tisch erreicht hatte, zog sich die Hose hoch, die ihm beim Sitzen auf die Hüfte gerutscht war.

Dann starrte er die beiden älteren Damen an, die in pinkfarbenen Jockey-Trikots am Tisch saßen und schottischen Whisky tranken.

»Sind nicht mehr da«, informierte er seinen Freund, als er zur Bar zurückgegangen war. »Da sitzen nur zwei alte Tanten. Komm, wir hauen ab. Das Rennen fängt um acht an und ich muss vorher noch mal nach Hause.«

Die Männer zahlten und gingen. Vor Erleichterung stöhnend zauberten Elli und Idi sich wieder in ihre normale Gestalt zurück.

»Das machen wir nie wieder, oder?«, stöhnte Idi. »Ich will nie wieder in Esthers Haut stecken.«

»Tut mir leid«, sagte Elli zerknirscht. »Mir ist nichts anderes eingefallen auf die Schnelle.«

»Mir ja auch nicht«, gab Idi zu. »Aber was sollte das mit dem Whisky?«

»Ich nehme an, den trinken Esther und Matilda gerade! Ich bin nur froh, dass Ronny nicht mit aufgetaucht ist! Stell dir das mal vor.«

Aber Idi wollte sich nichts vorstellen. »Komm, lass uns nach Hause fahren«, schlug sie vor. »Das Mommsenstadion ist gleich bei uns um die Ecke! Da erwischen wir sie auf frischer Tat.«

Sie bezahlten Kuchen und Kakao und machten sich auf den Nachhauseweg.

»Aber das wollen sie ja gerade, dass wir da auftauchen«, rief Elli ihrer Schwester zu, als sie am Funkturm vorbeiflogen.

»Da ist das Stadion!« Anstatt zu antworten, deutete Idi nach unten. »Aber jetzt erstmal nach Hause, oder?«

Elli nickte nur.

»Lass uns ins Ruhe besprechen, wie wir das machen.«

Als sie nach Hause kamen, saßen Matea und Thomas zusammen in der Küche und tranken Tee. Elli und Idi tauschten einen Blick aus und waren sich sofort einig, dass sie ihre Eltern nicht einweihen würden. Thomas würde ausflippen.

»Wir gehen auf mein Zimmer!«

Elli und Idi ließen ihre Mutter und ihren Vater in der Küche zurück.

»So wäre es, wenn Papa hier wohnen würde«, sagte Elli.

»Das wäre so schön, oder?«, fragte Idi.

Elli nickte nur.

»Was machen wir denn nun?«, wollte sie dann wissen.

»Wir könnten doch der Polizei Bescheid sagen, dass da heute ein illegales Hunderennen stattfindet, oder?«

»Wenn wir zur Polizei gehen, lachen die uns dann nicht nur aus? Wer glaubt schon Kindern?«

»Wir könnten natürlich auch als Esther und Matilda zur Polizei gehen.«

»Oder als Polizei zu dem Rennen, den Dieben Angst einjagen und einfach alle Hunde befreien.«

»Einfach? Ich weiß nicht ...« Elli zögerte.

»Also, was jetzt?« Idi wurde ungeduldig. »Zur Polizei gehen oder selbst auf Polizei machen?«

Gemeinsam entschieden sie sich schließlich dafür, Polizistinnen zu spielen.

»Aber lass uns es uns vorher ausprobieren«, verlangte Elli. »Vorhin, da haben wir uns in Esther und Matilda verwandelt, weil wir beide wissen, wie die aussehen. Aber ich hab keine Ahnung, wie das funktioniert, sich zur Polizistin zu hexen, du?«

»Nee«, lachte Idi. »Du hast Recht! Das müssen wir proben!« Sie baute sich vor Ellis großen Spiegel am Kleiderschrank auf. Es stellte sich sofort heraus, dass es eine gute Idee gewesen war, zu üben. Die ersten Uniformen, die sie herhexten, erinnerten eher an den Wachtmeister aus Räuber Hotzenplotz. Als nächstes sahen Elli und Idi aus wie zwei italienische Carabinieri, dann erst hatte Elli die Idee, in der Mediathek die »Soko Stuttgart« anzumachen und die Uniformen dort abzuzaubern. Anschließend mussten sie sich noch erwachsen hexen.

»Ob wir mal so aussehen werden?«

Idi betrachtete sich im Spiegel. »Keine Ahnung!« Elli zauberte sich schnell zurück. Es war unheimlich, plötzlich sich selbst in zwanzig Jahren zu sehen. »Ob wir das dürfen?«

»Na, klar, du Schisser. Ist doch nichts Böses und nichts mit dem Wetter oder so! Wir machen es für Re, okay?«

»Für Re und die anderen Hunde«, bestätigte Elli. »Aber wohl ist mir nicht dabei!«

»Stell dich nicht so an«, sagte Idi nur. »Jetzt geht es los. Es ist schon kurz vor Acht.« Sie rannte die Treppe runter und Elli folgte ihr etwas langsamer.

»Wir gehen zu mir rüber«, rief Idi ihren Eltern durch die halb geöffnete Tür zu, und dann verschwanden sie beide.

Ellis Herz klopfte höher, als sie sich über den kleinen Weg an der Bahn entlang in Richtung Stadion aufmachten. Nicht nur, weil sie auf Verbrecherjagd waren, sondern auch, weil sie gesehen hatte, wie Matea und Thomas sich eben in der Küche geküsst hatten.

# Im Mommsenstadion

»Jetzt wäre es gut, wenn man als Fledermaus weiterfliegen könnte«, sagte Idi, als sie in der Krone einer der riesigen alten Kiefern saßen, die überall rund um das Mommsenstadion wuchsen.

»Du bist verrückt«, stöhnte Elli. »Wir sind doch keine Vampire!« Ihr war schon die Verwandlung in erwachsene Polizistinnen unheimlich. Gerade in ihrem Zimmer hatte es sich ein bisschen angefühlt wie beim Kinderfasching, aber jetzt wurde es ernst. Mit einem Kribbeln im Magen schaute sie ins menschenleere Mommsenstadion hinunter.

»Aber die Chefin wartet doch nur darauf, dass wir hier erscheinen«, erinnerte Idi sie. Plötzlich ging auf einen Schlag das Flutlicht an. Unten im Stadion wurde im Zuschauerraum eine Tür so heftig aufgestoßen, dass der Flügel gegen die Mauer knallte. Ein paar Männer mit Hunden an der Leine traten auf die Laufbahn. Jetzt war es vorbei mit der gespenstischen Ruhe. Sie lachten, redeten laut miteinander und riefen den Hunden Befehle zu. Angst davor, entdeckt zu werden, hatte hier offensichtlich niemand. Hinter ihnen her kamen immer mehr Männer. Zwei von ihnen trugen Bierbänke herein und bauten eine Art Stand auf, um den sich die anderen versammelten. Fast alle schauten auf ihre Handys und schienen irgendetwas zu verfolgen, das sie laut und wild durcheinander kommentierten. Einige kauften Zettel und füllten sie aus. Andere steckten die Köpfe zusammen und diskutierten miteinander.

»Das sind nur Männer«, flüsterte Elli Idi zu.

»Männer und eine Chefin«, bestätigte Idi.

»Aber die ist gar nicht da!«

»Die kommt schon noch.«

Heimlich hoffte Elli, dass Idi unrecht hatte. »Guck mal, die Hunde. Keiner von denen ist ein Rhodesian Ridgeback. Die sind viel kleiner als Re, kleiner noch als Ronny.«

»Sind wahrscheinlich Windhunde, so dürr wie die sind«, vermutete Idi.

Sie beobachteten, wie die Männer die Hunde an einer Startlinie nebeneinander in Position brachten. Dann fiel ein Schuss, die Hunde rannten los wie die Irren und Elli wäre vor Schreck fast von ihrem Ast gefallen. Idi packte sie im letzten Moment noch am Arm. In Sekundenschnelle war alles vorbei. Die Hunde waren durchs Ziel gelaufen und die Männer begannen wieder zu schreien und zu diskutieren.

»Das erinnert mich an was«, murmelte Elli. Sie schüttelte sich. Langsam wurde ihr kalt im Wind hoch oben auf dieser Kiefer.

»Ans Schwimmen«, bestätigte Idi nüchtern. »Ist auch nicht anders. Nur, dass keiner auf uns wettet.«

Quatsch, wollte Elli gerade sagen, aber dann packte sie Idi am Oberarm und deutete in die Richtung der Rennbahn: »Re, da ist Re!«

Idi hatte recht. Gerade kam Re ins Stadion, auch sie wurde an einer Leine geführt. Eine große Frau mit langen, schneeweißen

Haaren hielt sie fest. Gefolgt von dem ekligen Mann von der Reichsstraße, der ebenfalls Hunde an der Leine mit sich führte, ging die Frau schnurstracks zur Startlinie mit Re. Links und rechts wichen ihr die Männer aus. Alle machten sich einen Kopf kleiner, sobald sie die Frau sahen. Es wirkte fast so, als verbeugten sich alle vor ihr. An wen erinnert sie mich nur?, dachte Elli, aber es wollte ihr einfach nicht einfallen.

»Die Chefin«, wisperte Idi in Ellis Gedanken hinein.

»Sobald sie Re loslässt, holen wir sie uns.« Elli versuchte ihre Stimme entschlossen klingen zu lassen. »Die Typen können wir auch ein anderes Mal auf frischer Tat ertappen und die übrigen Hunde retten. Jetzt geht es um Re!«

Idi stimmte ihr sofort zu. »Wir fliegen zum Ziel und schnappen uns Re da! Das mit den albernen Polizistinnen-Verkleidungen sparen wir uns.«

Mit dem Startschuss zum nächsten Rennen flogen sie los, aber als sie an der Zielgeraden landeten, sahen sie, dass Re gar nicht gestartet war. Sie war immer noch an der Leine der Chefin, die jetzt mit einem fiesen Grinsen langsam auf Elli und Idi zukam.

»Herzlich willkommen!«, hörten sie ihre rauchige Stimme, als sie direkt vor ihnen stand. »Wollt ihr auch wetten?«

Elli schüttelte bloß den Kopf. Die Worte blieben ihr im Hals stecken.

»Sicher nicht«, antwortete Idi für beide. »Wir sind hier, um Re zu befreien!« Schon öffnete sich Res Halsband mit einem leisen Klicken. Aber als Re den Kopf drehte und es abschütteln wollte, schloss es sich wieder und Re war aufs Neue gefangen.

Was war das denn? Elli starrte das Halsband an. Kurzentschlossen ließ sie die Leine, an der Re nun zog, zerreißen und beobachtete entsetzt, wie sie sich gleich wieder in einem Knoten verband.

»Idi«, wisperte sie plötzlich panisch, »bist du das?«

Das gehässige Lachen der Chefin war Antwort genug.

»Das ist nicht deine Schwester, Herzchen! Dafür ist sie viel zu schwach!«

Elli starrte die Chefin an. Für das, was hier passierte, gab es nur eine einzige Erklärung, aber die war so unglaublich, dass Elli es einfach nicht fassen konnte.

»Wir müssen hier weg!« Elli griff nach Idis Arm.

»Gerne, jederzeit. Wenn ich mit euch fertig bin!«, sagte die Chefin kühl. »Aber zuerst will ich meinen Hundewelpen wiederhaben! Elektra, wärst du so lieb und würdest mir rasch mein kleines Hundebaby holen? Deine Schwester möchte so lange bei mir bleiben.«

Mit ihrer aschweißen Hand griff sie nach Idis anderem Arm. Idi stand wie angewurzelt da, ihr Blick war glasig, sie war in eine Art Trance gefallen. Auch wenn die Chefin ihren Arm nur leicht berührte, schien sie doch ganz von Idi Besitz ergriffen zu haben, Elli konnte sie schütteln, so fest sie wollte. Idi reagierte nicht auf sie. Voller Panik schaute Elli sich um. War denn niemand da, der ihr helfen könnte? Aber auch die Männer waren in Trance gefallen. Hier waren nur die Chefin und sie. Ganz alleine.

Ellis Herz schlug so heftig in ihrer Brust wie noch nie zuvor in ihrem Leben. Auf keinen Fall würde sie wegfliegen, um Ronny zu holen und Idi mit der Chefin allein lassen. Jetzt kam es darauf an, jetzt musste sie stark sein für Idi. Sie durfte ihre Angst nicht zulassen, sonst wären sie verloren, das war ihr klar.

Entschlossen griff Elli nach Idis Hand und atmete tief durch. Ihre Ringe würden ihr Kraft geben, sie musste nur daran glauben. Sie musste nur an sich und Idi glauben.

»Was soll das werden?«, fauchte die Chefin Elli wütend an. »Was stehst du hier rum? Ich hab gesagt, du sollst mir den Köter bringen. Sonst wird es dir leid tun! Und deiner Schwester noch viel mehr.«

Elli nahm all ihren Mut zusammen. »Ronny kriegen Sie nicht und Idi erst recht nicht!«

Dann nahm sie Idi in den Arm und versuchte hochzufliegen. Aber Idi hing an ihr wie ein Sack und anstatt blitzschnell an Höhe zu gewinnen, kämpfte sich Elli durch die Luft, als würde sie durch einen hüfthohen Sumpf waten. Der Sog nach unten war so stark und Idi so schrecklich schwer. Ellis Angst, es doch nicht zu schaffen, wurde wieder stärker. Sie merkte, wie sie Zentimeter um Zentimeter an Höhe verlor, gleich würden sie wieder auf der roten Tartanbahn des Stadions landen.

»Idi. Wach auf. Ich brauch dich, Idi«, rief Elli und fing an zu weinen. Jetzt ist es vorbei, dachte sie. Jetzt schnappt sich die Chefin uns. Im gleichen Moment fiel eine von Ellis Tränen auf Idis Gesicht und Idi wachte auf.

»Was ist los? Was machen wir hier?«, fragte sie schlaftrunken. Ellis Tränen rannen ihr immer weiter übers Gesicht. Jetzt weinte sie vor Erleichterung, sie spürte, wie der Sog nach unten abnahm. Idi war wach. Sie würden es zusammen schaffen. Schon stiegen sie wieder höher in die Luft.

Im Stadion fluchte die Chefin und schimpfte: »Du verdammtes Drecksvieh!«

Elli schielte nach unten. Da stand die Chefin und hielt sich die Wade. Re rannte mit einem Fetzen ihrer Hose wie verrückt um sie herum und sprang an ihr hoch, sobald sie versuchte, abzuheben und die Mädchen zu verfolgen.

»Komm schon, Idi! Wir müssen hier weg!«

Sobald Idi mit ihr flog, war alles ganz einfach. Sie waren in Sekundenschnelle hoch über den Wolken und im nächsten Moment schon landeten sie beim Rosenstrauch vor ihrem Haus. Mit klopfendem Herzen schloss Elli die Tür auf und ging mit Idi an der Hand zusammen durch den Flur und in die Küche hinein, wo Matea und Eva zusammensaßen.

»Was ist hier los?« Matea musterte Elli und Idi streng. »Thomas hat gerade angerufen, dass ihr gar nicht drüben seid.«

Elli und Idi schauten sich betreten an. Wie sollten sie es nur Matea und Eva erklären?

»Ich mach euch mal einen Tee. Ihr seht total verfroren aus.«

Eva ging zum Herd und setzte Wasser auf.

»Also, was ist jetzt?«, beharrte Matea auf ihrer Frage, als alle mit ihren Teetassen um den Tisch herumsaßen.

»Wir wollten Re befreien und sie zurückholen«, gestand Elli und griff unter dem Tisch nach Idis Hand.

»Jetzt? Im Stockfinstern und ohne etwas zu sagen? Ich war doch hier!«

»Tut mir leid, Mama.«

»Und wo ist Re?«

»Wir haben es nicht geschafft.« Idis Stimme war leiser als sonst.

»Was ist denn passiert?«, mischte sich nun auch Eva ein.

»Da war diese Frau, die Hundediebe nennen sie Chefin«, begann Elli und blickte Idi an, sie sollte ihr beim Erzählen helfen. Aber Idi zuckte hilflos mit den Schultern.

»Ich weiß nicht, was passiert ist, Elli. Es ist alles weg. Ich weiß nur noch, wie wir auf der Kiefer saßen und diese Frau gesehen haben. Danach fehlt mir die Erinnerung. Erst beim Fliegen bin ich wieder wach geworden. Durch den Regen.«

»Das war kein Regen. Das waren Tränen. Ich habe geweint.«

Idi starrte Elli entsetzt an. »Warum hast du geweint, Elli?«

Elli wurde abwechselnd heiß und kalt. Es kostete sie unendliche Überwindung laut auszusprechen, was sie vermutete.

»Die Chefin muss eine Hexe sein«, brach es schließlich aus ihr heraus. Während alle anderen sie anstarrten, redete Elli langsam weiter. »Ich konnte Re nicht befreien, sie hat es immer wieder verhindert. Und dich, Idi, hat sie in Trance versetzt. Ich sollte dich bei ihr lassen und ihr Ronny zurückbringen. Aber ich konnte dich nicht alleine lassen. Ich wollte wegfliegen mit dir im Arm, aber wenn du nicht aufgewacht wärst, hätte ich es nie geschafft.«

Einen Moment lang schwiegen alle. Dann redete Elli weiter.

»Sie wollte uns nachfliegen, aber Re hat sie gebissen und sie ist so wild um sie herumgesprungen, dass sie nicht losfliegen konnte. Aber wer weiß, ob sie uns nicht jetzt gerade schon sucht.«

Eva fand als erste ihre Sprache wieder: »Wir holen die fiesen Omas her. Mit Ronny. Heute bleiben wir alle hier zusammen!«

Elli sah Eva dankbar an. Was für eine gute Idee! Alle Hexen der Familie zusammen an einem Ort. So würde sie sich sicher fühlen.

Auch Matea schien die Idee gut zu finden: »Ich ruf sie an. Sie sollen sofort herkommen. Vielleicht wissen sie, womit wir es zu tun haben!«

Es wunderte Elli nicht, dass Esther und Matilda zunächst erklärten, dass sie überhaupt keine Zeit hätten, sich jetzt noch zu treffen. Sie würden gerade auf Netflix eine tolle Hundeserie mit Ronny schauen. Aber Matea ließ nicht locker und wenig später saßen sie zu sechst am Küchentisch, unter dem sich Noah, Samira und Saphira anfauchten. Esther und Matilda hatten ihre Katzen mitgebracht, obwohl sie wussten, dass die beiden alle anderen Katzen im Haus nicht leiden konnten.

»Gut, dass hier so viel Platz ist!« Elli lehnte sich gegen die Schulter von Tante Eva. »Bald sitzen wir hier zu acht!«

»Das stimmt«, lachte Eva. »Wir werden immer mehr und immer stärker!«

»Vor allem um die Hüften.« Esther schaute auf Evas Babybauch.

»Du kannst einfach keine böse Bemerkung auslassen, oder?«, fragte Eva kopfschüttelnd.

»Hört auf zu streiten«, bat Elli. »Es geht doch jetzt um was ganz anderes!«

»Man wird sich ja wohl unterhalten dürfen!« Esther war schon wieder beleidigt.

»Eben nicht«, beendete Matea das Thema. »Jetzt reden Elli und Idi.«

Und dann erzählten die beiden die ganze Geschichte noch einmal von Anfang an. Wie sie beim Schlittenfahren Ronny gefunden und fast wieder verloren hatten. Wie sie Re befreit hatten und den Dieben auf die Spur gekommen waren. Ganz zum Schluss berichtete Elli noch einmal alles, was im Stadion passiert war.

Gerade, als Elli erzählen wollte, dass die Chefin sie an jemanden erinnerte, fiel bei ihr endlich der Groschen: »Jetzt weiß ich, wer sie ist!«

»Ich auch!«, rief jetzt auch Idi. »Die Schwester von Frau Sauter, die das Böse gewählt hat. Das muss sie sein!«

Einen Moment herrschte absolute Stille in der Küche, dann fingen alle gleichzeitig an zu reden.

»Was? Gesine Sauter ist in Berlin?«, riefen Esther und Matilda.

»Wer ist denn Gesine Sauter?«

Matea und Eva verstanden immer noch nichts. Elli wollte es ihnen erklären, als es plötzlich an der Tür klingelte und alle zusammen zuckten.

»Geh du hin!« Esther stieß Matilda ihren Ellenbogen unsanft in die Rippen.

»Ich spinn doch nicht«, kreischte Matilda. »Solange hier böse Hexen rumfliegen, bleibe ich, wo ich bin.«

Es klingelte wieder und schließlich ein drittes Mal.

»Wir gehen alle zusammen.« Eva griff nach Mateas Hand. Elli und Idi und sogar Esther und Matilda gingen hinter ihnen her in den Hausflur.

»Macht mir vielleicht hier mal jemand auf? Ich klingele jetzt zum vierten Mal.«

Elli stöhnte vor Erleichterung. »Das ist Papa!«

»Was ist denn hier los?« Thomas war offensichtlich vom Warten genervt und der Anblick von Esther und Matilda verbesserte seine Laune nicht. »Walpurgisnacht oder was? Idi, hast du mal auf die Uhr geschaut? Du kommst jetzt mit nach Hause.«

»So ein Unsinn: Die Walpurgisnacht ist am …« setzte Matilda an, aber ein Blick von Matea brachte sie zum Schweigen.

»Thomas, bitte. Darf Idi heute Nacht bei uns schlafen?«, bat Matea. »Es ist …« Sie stockte. »Es ist etwas passiert und wir müssen noch miteinander reden.«

»Wenn Esther und Matilda da sind, passiert immer irgendein Mist!« Thomas war sauer.

»Das ist es diesmal nicht«, versuchte Eva zu vermitteln.

»Was heißt denn diesmal?«, giftete Esther.

»Bleib hier, wenn du willst, Idi«, sagte Thomas. »Aber nur damit ihr es alle wisst: Das ist genau das, was ich nicht leiden kann. Immer dieses Hexendrama! Ich wusste ja, dass das irgendwann wieder losgehen würde.« Er drehte sich auf dem Absatz um und warf die Tür hinter sich ins Schloss.

»Wenn hier einer ein Drama veranstaltet, dann ja wohl der«, meinte Esther verächtlich und ging zurück in die Küche.

»Also, in diesem Punkt muss ich Esther ausnahmsweise mal recht geben«, seufzte Matilda, aber keiner hörte ihr zu.

»Mama«, bat Idi. »Wir brauchen hier einen Zauberraum, so groß wie beide Haushälften. Wenn Papa nicht in einem geschützten Raum ist, schlafe ich keine Sekunde!«

»Meine kluge Idi«, stimmte Matea ihr zu. »Mach dir keine Sorgen, zusammen beschützen wir euren Papa!«

Eva, Matea, Elli und Idi reichten sich die Hände und schlossen die Augen.

»Das wird reichen«, sagte Eva nach einem Moment und Elli spürte es auch.

»Wie soll es denn nun weitergehen?«, fragte Idi, als sie wieder zusammen in der Küche saßen. Aber niemand wusste darauf eine Antwort. Alle schüttelten nur ratlos den Kopf.

»Heute Nacht geht es gar nicht mehr weiter«, entschied Matea. »Jetzt gehen wir alle schlafen. Morgen ist auch noch ein Tag.«

»Morgen kann ich nicht, da besuche ich Gerlinde in der Reha-Klinik«, verkündete Esther.

»Wir sind so doof!« Eva schlug sich mit der Hand vor die Stirn. »Frau Sauter muss uns helfen! Sie kennt ihre Schwester schließlich am besten.«

»Ja«, stimmte Matea ihrer Schwester zu. »Wenn es jemanden gibt, der alles über die Hexen weiß, die das Böse gewählt haben, dann Frau Sauter! Ein ganzes Leben lang muss sie sich damit beschäftigt haben, was ihre Schwester so mächtig macht.«

»Wenn wir Glück haben, weiß sie auch, wo ihre Achillesferse ist!«, ergänzte Eva.

»Wieso Glück?«, fragte Matilda. »Ich hab keine Lust, mir die Füße von dieser alten Wachtel anzuschauen!«

Grinsend erklärte Idi ihr, dass man die Achillesferse den verwundbaren Punkt eines Menschen nannte. Aber Idis Erzählung über den griechischen Helden Achilles langweilte Matilda so schrecklich, dass sie laut gähnte. Und auf einmal mussten alle mitgähnen.

»Gähnen ist ansteckend«, meinte Elli entschuldigend zu Idi, aber Idi gähnte selbst und endlich gingen alle zu Bett. Matea schlief bei Eva im Zimmer, Idi bei Elli und für Esther und Matilda zogen sie die Schlafcouch im Wohnzimmer aus.

»Eigentlich wäre es furchtbar gemütlich, wenn es nicht so furchtbar wäre, oder?«, fragte Elli Idi, als sie zusammen unter dem großen Sternenbaldachin von Ellis Bett lagen. Aber von Idi kam als Antwort nur ein leises Schnarchen. Sie war mal wieder in der Sekunde eingeschlafen, in der ihr Kopf das Kissen berührt hatte. Elli rückte näher an Idi heran, und lauschte dem Atem ihrer Zwillingsschwester. Sie konnte lange nicht einschlafen. Sie musste an Papa denken, der sauer auf sie alle war und an Henriette, Alexander und Philip und schließlich auch an Mark. Es fühlte sich so an, als wäre jeder einzelne Mensch, den sie mochte, ein verwundbarer Punkt von ihr selbst. Sie wollte sie alle beschützen, aber sie konnte nicht ganz Berlin in einen Zauberraum verwandeln. Morgen mussten sie sich etwas einfallen lassen, um Gesine Sauter auszuschalten.

12

# Frau Sauter packt aus

Beim Frühstück am nächsten Morgen überlegten Matea und Eva, wie sie gemeinsam zur Reha-Klinik kommen sollten.

»Wäre es nicht einfacher, wenn Frau Sauter zu uns käme?«, meinte Idi. »Dann müssen wir uns nicht alle auf den Weg machen.«

»Das ist eine sehr gute Idee, meine Liebe«, bemerkte Matilda und Esther sagte, den Mund voll Porridge: »Wir holen sie ab. Die ist bestimmt total happy. Endlich fliegt sie mal wieder!«

»Könnt ihr nicht einmal einfach mit der U-Bahn fahren wie alle anderen auch?«, stöhnte Matea.

Elli schaute auf ihren Teller. In der letzten Zeit waren sie und Idi auch nirgends mehr zu Fuß hingegangen.

»Wir haben es aber eilig heute!«, warf sie ein. »Ich mach mir Sorgen. Nicht nur um Papa, auch um Henriette und Alexander und ...«

Elli hörte auf zu reden, als sie sah, wie blass Tante Eva plötzlich wurde. Sie biss sich auf die Lippen. Wieso hatte sie das bloß gesagt? Nur weil sich nun auch Eva Sorgen machte, wurde es kein bisschen sicherer für die beiden.

»Elli hat recht. Solange wir nicht wissen, was Gesine Sauter vorhat, sind alle besser hier aufgehoben. Wir holen sie her!«, bestimmte Matea. »Wir laden einfach alle zum Essen zu uns ein.«

»Philip soll auch kommen«, fügte Elli schnell hinzu. Mark einzuladen traute sie sich nicht. Ihr Vater fände es bestimmt komisch, ihn hier zu sehen. Dabei hätte sie auch ihn am liebsten in der Nähe gehabt. Auf Mark mussten sie und Idi mit dem Slime aufpassen. Idi würde sie sicher aufziehen, weil sie Mark beschützen wollte, aber das musste sie aushalten.

Esther und Matilda gingen auf den Dachboden, um zu Frau Sauter zu fliegen, während Eva und Matea sich zu Fuß auf den Weg machten, um Alexander und Henriette abzuholen.

»Philip sagst du Bescheid, Elli?«, rief ihre Mutter ihr beim Weggehen zu. Elli nickte. Erst jetzt fiel ihr ein, dass Philip noch gar nichts von Res Verschwinden wusste. Das Herz rutschte ihr in die Hose. Sie war es, die ihm sagen musste, dass Ronnys Mama nicht da war. Seufzend nahm sie ihr Handy in die Hand, nur um es gleich wieder wegzulegen. Sie stellte sich vor, wie er enttäuscht zu ihr sagen würde: »Wie, ich dachte, du wärst eine Hexe?«

»Du stellst dich an!« Idi schnappte sich Ellis Handy. »Als ob es darum gehen würde, was Philip von dir denkt. Jetzt geht es um Re!« Idi rief Philip an und lud ihn zum Mittagessen ein.

»Wir sagen es ihm, wenn er hier ist«, erklärte sie Elli, als Ronny plötzlich neben ihr wie wild anfing zu bellen und zur Tür raste. Elli und Idi folgten ihr in den Flur und sahen, wie sie an der Tür hochsprang und wie eine Irre mit beiden Vordertatzen am Holz der Tür kratzte.

Im selben Moment schrie Esther vom Dach des Hauses aus: »Hier ist ein Hund wie Ronny, nur größer. Bei uns im Vorgarten. Los, macht die Tür auf.«

Elli und Idi rannten zur Tür. Sie öffneten sie und wurden fast von Re zu Boden gerissen, die mit wilden Sprüngen um ihre kleine Ronny herumtanzte.

»Du bist der bösen alten Hexe entwischt!« Idi hüpfte vor Freude mit Re um die Wette.

Elli musste lachen. Geduldig wartete sie, bis Re Ronny endlich genug begrüßt hatte. Dann kam sie zu ihr und stupste ihr die Schnauze in die Kniekehle.

»Na, meine weise, tapfere Re.« Elli ging in die Hocke und streichelte Res Kopf.

»Du bist ihr abgehauen! Du bist der coolste Hund der Welt!« Idi war überglücklich.

»Jetzt fehlt nur noch Mark«, stellte Elli fest. »Hol den Slime her. Ich will wissen, dass es ihm gut geht.«

»Sehr wohl!« Idi griff in der Luft nach der Dose mit dem Slime. »Kannst du bitte schnell gucken? Bevor Philip hier ist?«, bat Elli ihre Schwester und ging hinter ihr her in die Küche.

»Da ist er doch schon!« Idi zeigte in den Slime, den sie in eine kleine Glasschüssel geklatscht hatte.

»Wo?«, Elli beugte sich über den Slime, auch wenn sie wusste, dass es völlig sinnlos war. Außer ein paar grauen Schatten, die in der glibberigen Masse hin und her schaukelten, sah sie mal wieder nichts.

»Da, auf seinem Skateboard! Der scheint jede Menge Spaß zu haben!«, sagte Idi.

»Ist doch gut.« Elli war erleichtert. »Wir schauen einfach regelmäßig nach ihm, okay?«

»Klar«, versprach Idi. Sie grinste Elli an, aber verkniff sich jede Stichelei. »Du, und wenn die Omas gleich mit Frau Sauter hier auftauchen, bleibe ich bei Papa und Philip, damit die das nicht mitbekommen, okay?«

Elli zögerte. »Willst du nicht dabei sein, wenn wir mit Frau Sauter sprechen?«

»Doch, natürlich. Aber was soll ich ihr schon erzählen? Ich hab ja selbst kaum was mitbekommen. Und um Papa und Philip muss sich auch einer kümmern, oder?«

Elli drückte Idis Hand. »Du bist echt cool!«

»Ja, ich weiß!«, sagte Idi nur. »Wenn Philip kommt, gehe ich mit ihm rüber zu mir.«

»Wie nah muss man sich eigentlich beim Hexen sein?«

»Keine Ahnung. Wir probieren es aus, sobald ich drüben bin.«

»Was machen wir?«

»Was Einfaches. Kaninchen aus dem Hut.« Idi kicherte.

Elli musste auch lachen bei der Vorstellung, dass sie zusammen den bekanntesten Zaubertrick der Welt nachmachten.

»Geht ja gar nicht«, fiel Idi ein. »Wir können ja keine Tiere herzaubern! Was diese Zauberer sich da so ausgedacht haben!« Sie verdrehte die Augen.

»Dann unseren eigenen ältesten Trick«, sagte Elli. »Klopapierrollen steigen lassen.«

»Spitzenidee, das mache ich«, rief Idi.

Im gleichen Moment klingelte es an der Tür und Idi verschwand mit Philip in der anderen Haushälfte.

Fünf Minuten später klingelte Ellis Handy.

»Es klappt«, rief Idi. »Ich hab meine Kraft. Du bist nah genug bei mir! Alle Rollen sind abgewickelt. War ein bisschen doof, dass Papa gerade in dem Moment in mein Zimmer gekommen ist. Jetzt will er, dass ich aufräume. Ohne zu hexen!«

»Puh«, sagte Elli. »Du Arme. Typisch Papa. Ich helfe von hier mit. Mir hat Papa es nicht verboten.«

»Du bist die Größte«, sagte Idi und legte auf.

Es dauerte einen Moment, bis Elli Idis Zimmer sehen und das Chaos darin wegzaubern konnte.

Dann hörte Elli Esther, Matilda und Frau Sauter von oben die Treppe herunterpoltern.

Langsam ging sie in die Küche und wartete auf die drei. So ein Mist, dass ihre Mutter und Eva noch nicht wieder da waren. Sie wollte nicht mit ihnen alleine sein, aber was half ihr das?

Schon ging die Küchentür auf und die drei Hexen kamen herein.

Esther hatte es vorausgesagt: Frau Sauter war bester Laune nach ihrem Flug.

»Ach, ist das herrlich! Wie habe ich das vermisst!«

Während Esther und Matilda einen großen Sessel für Frau Sauter in die Küche hexten, damit sie bequem sitzen konnte, überlegte Elli, wie sie das Gespräch beginnen sollte.

»Wussten Sie, dass Ihre Schwester in Berlin ist?«, fragte sie schließlich.

»Was?« Frau Sauter wurde kreidebleich. »Gesine ist hier?«

Elli seufzte und schaute Esther und Matilda kopfschüttelnd an. »Ihr habt ihr nichts gesagt?«

»Nö, noch nicht. Hat sich nicht ergeben«, sagte Matilda. »Wir hatten aber auch so viele spannende ...«

Frau Sauter schnitt Matilda das Wort ab. »Wo ist sie?« Ihr Tonfall ließ selbst Matilda augenblicklich verstummen.

»Keine Ahnung«, gab Elli zu und erzählte noch einmal die ganze Geschichte von Anfang an.

Während Matilda ständig »auweia« und »oh je« dazwischenrief, als ob sie das alles zum ersten Mal hörte, schwieg Frau Sauter, bis Elli zu Ende geredet hatte. Auch dann sagte sie keinen Ton.

»Frau Sauter, können Sie uns helfen? Wissen Sie, was Ihre Schwester vorhat?«, fragte Elli.

»Tut mir leid, Elektra. Ich weiß es nicht. Ich habe Gesine seit vielen, vielen Jahren nicht mehr gesehen.«

»Wie ist sie denn ...?«, setzte Elli an. »Also ich meine, wie hat das denn angefangen, das mit dem Bösen? Oder war Ihre Schwester immer schon böse?«

»Nein.« Frau Sauter schüttelte traurig den Kopf. »Nein, das war sie nicht. Wir waren wie ihr früher wie du und Merida.«

Das kann nicht sein, dachte Elli. Niemand ist so wie wir beide. Trotzdem spürte sie, wie sie eine Gänsehaut bekam, als Frau Sauter endlich anfing zu erzählen.

»Als Kinder waren wir ein Herz und eine Seele. Einfach unzertrennlich. Wir hatten keine Ahnung, dass Gesine auch ohne mich hexen konnte. Wir dachten, wir sind wie alle anderen Hexen auch.«

»Deine Mutter und deine Tante haben euch nichts davon gesagt?«, fragte Esther. »Unverantwortlich!«,Frau Sauter schüttelte den Kopf. »Sie hatten selbst keine Ahnung. Wann passiert das denn schon mal? Elektra und Merida sind das einzige Zwillingspaar, das ich kenne, das so ist wie wir.«

»Aber Mama und Eva wussten doch, dass es Hexen gibt, die das Böse wählen können!«, rief Elli.

»Ja, das haben natürlich wir ihnen gesagt!«, prahlte Esther. »Dass eine von uns ihren Zwilling verlassen hat und auch alleine hexen konnte, das haben damals die Katzen von den Dächern miaut!«

Eine von uns, dachte Elli. Als ob Frau Sauter und ihre Schwester irgendetwas mit Idi und ihr zu tun hätten.

»Wann haben Sie es denn dann gemerkt?«, fragte sie weiter.

»Siebzehn waren wir da.« Frau Sauters Stimme klang traurig. »Gesine hat sich in einen Jungen verliebt und angefangen, sich hübscher zu zaubern.«

»Na und?« Esther strich sich mit dem Finger über ihre kerzengerade Nase. »Es ist ja wohl kein Verbrechen, gut aussehen zu wollen!«

»Nein, ist es nicht.« Einen Augenblick lang sah es fast so aus, als müsste Frau Sauter grinsen.

»Sie hat sich schöner gezaubert, und gehext, dass sie besser tanzen und glockenhell singen kann«, fuhr sie dann fort. »Aber es hat alles nicht geholfen. Der Junge hat sich nicht in sie verliebt.«

»Na und?« Esther klang schnippisch. »Das passiert. Also mir natürlich nicht.«

»Ja, so hat Gesine das auch gesehen. Aber der Junge nicht.«

Elli wusste, was Frau Sauter als nächstes sagen würde.

»Sie hat ihn mit einem Liebeszauber belegt!«, sagte sie leise.

»Sie hat nicht lockergelassen«, bestätigte Frau Sauter Ellis Verdacht. »Sie hat ihn sogar geheiratet. Aber da war ich schon nicht mehr dabei.«

»Warum nicht?«, flötete Matilda. »Hochzeiten sind was Wunderbares. So romantisch.«

»Wenn man verliebt ist«, sagte Frau Sauter trocken.

»Natürlich ...«, schwärmte Matilda immer noch.

»Nur leider war er nicht in sie verliebt. Sie hat ihre Kraft überschätzt, er hat sie wenig später verlassen. Kein Liebeszauber hält ewig. Aber zu dem Zeitpunkt waren meine Kräfte längst verschwunden. Ihr Liebeszauber hat sie mir geraubt.«

»Ist Gesine nicht wieder zu Ihnen zurückgekommen? Man kann sich doch mal streiten«, sagte Elli.

»Nein, das ist sie nicht«, antwortete Frau Sauter. »Er hat ihr gesagt, dass er am Anfang nicht in sie, sondern in mich verliebt war. Das hat sie mir nicht verziehen.«

Was für eine unfassbar traurige Geschichte, dachte Elli.

»Vielleicht wollte sie sowieso nicht mit mir zusammen sein«, überlegte Frau Sauter. »Sie hat es immer schon geliebt, Unfug zu treiben und anderen Leuten Streiche zu spielen, und dabei habe ich sie oft gestört.«

Wenn es denn nur Streiche wären! Elli dachte an die armen Hunde, die im Keller eingesperrt waren.

»Bei den Streichen ist es nicht geblieben«, bestätigte Frau Sauter, als wüsste sie, was Elli dachte. »Gesine ist böse geworden.« Sie schwieg einen Moment bevor sie hinzufügte: »Und ich bitter. Aber dass wisst ihr ja bereits!«

Elli hätte nie gedacht, dass ihr Frau Sauter einmal leid tun würde. Aber so war es. Fast hätte sie nach ihrer Hand gegriffen.

»Mit mir musst du kein Mitleid haben.« Frau Sauter hatte Ellis Gesichtsausdruck anscheinend bemerkt. »Ich musste mir erst vierzig Knochen brechen, bevor ich kapiert habe, dass ich mir mein eigenes Glück kaputt gemacht habe.«

Elli schwieg. Sie ahnte, dass Frau Sauter noch nicht am Ende war, obwohl sie eine Pause machte.

»Das war nicht Gesine, das war ich selbst! Ich hätte mir mein Leben selbst gestalten können, wie jeder andere Mensch auch. Stattdessen hatte ich nichts Besseres zu tun, als meinen Mitmenschen und allen meinen Schülern das Leben zur Hölle zu machen.«

»Was machen wir denn jetzt?«, fragte Elli. Ihr war die Situation furchtbar peinlich. Um höflich zu sein, hätte sie widersprechen müssen. Aber es stimmte doch alles, was Frau Sauter sagte.

»Mit Gesine und den Hunden und allem?«, fügte sie hinzu.

»Ich weiß es nicht!«, gestand Frau Sauter. »Aber wir müssen ihr das Handwerk legen. Jetzt ist sie richtig gefährlich. Sie wird es nicht auf sich sitzen lassen, dass sie gegen dich nicht gewonnen hat. Sie wird sich rächen.«

Elli lief ein eiskalter Schauer den Rücken hinunter.

»Alle Hexen wissen, welche Kräfte du hast. Nur sie nicht, weil sie der Hexenwelt den Rücken gekehrt hat«, fuhr Frau Sauter fort.

Elli war unendlich erleichtert, als sie die anderen an der Tür hörte. Eva und Matea waren zurückgekommen, zusammen mit Alexander und Henriette. Ihr Vater, Idi und Philip würden jetzt sicher auch gleich da sein. Für den Moment konnten sie das Gespräch verschieben. Elli brauchte dringend Zeit, das Gehörte zu verarbeiten.

»So viele Gäste«, wunderte sich Frau Sauter. Elli nahm an, dass sie meistens allein war.

»Wir müssen sie alle beschützen«, erklärte Elli.

»Sicher ist sicher«, stimmte Frau Sauter ihr zu. »Man kann nie wissen, wozu Gesine im Stande ist.«

Matea öffnete die Küchentür. »Wir kochen hier jetzt. Könnt ihr euch ins Wohnzimmer setzen?«

Esther und Matilda zauberten den Sessel für Frau Sauter ins andere Zimmer hinüber. Aber Elli blieb noch eine Weile am Tisch sitzen, während Matea und Eva anfingen, Pasta zu kochen. Einen Moment lang erschien Elli alles so vertraut, als ob überhaupt nichts passiert wäre.

Mit ihrer Mutter und ihrer Tante in der Küche fühlte sie sich sicher und stark, aber wie sollte es nur weitergehen? Sie würden sich nicht für immer hier verkriechen können.

»Willst du nicht zu Idi und den anderen rübergehen?«, schlug Matea vor.

»Okay«, antwortete Elli und stand auf. Außer ihr und Frau Sauter wusste niemand, wie gefährlich die Chefin war. Aber nur sie allein verfügte über Zauberkräfte. Wie sollte sie ihre Freunde und ihre Familie nur beschützen?

# Patchwork

Als Elli in Idis Zimmer kam, saßen Idi, Philip und Henriette auf dem Boden und spielten Texas Showdown.

»Cool, kann ich mitspielen?« Elli setzte sich zu ihnen. Texas Showdown hatten sie früher immer mit Josefine gespielt, aber seit die auf ihre alte Schule zurückgegangen war, hatten sie kaum noch was von ihr gehört.

»Macht zu viert sowieso mehr Spaß!« Philip mischte die Karten neu und teilte aus.

»Eigentlich wollten wir ja heute auf Verbrecherjagd gehen«, sagte Henriette, während sie ihre Karten sortierte. »Aber so ist es viel netter!«

Henriette hatte recht. Elli konnte es nicht fassen. Sie waren mit Mark für heute verabredet. Wie hatte sie das nur vergessen können?

»Stimmt ja!« Auch Philip schaute jetzt auf seine Uhr. »Es ist gleich zwei. Mark müsste bald kommen.«

Im selben Moment klingelte Ellis Handy. Mark stand im Display, als sie es aus ihrer Rocktasche gefummelt hatte.

»Hi«, sagte er atemlos. »Bin auf dem Weg!« Elli hörte das Tuten der U-Bahn im Hintergrund.

»Oh!«, sagte Elli. »Du, hier ist soviel passiert in der Zwischenzeit, das glaubst du nicht. Wir haben die Verbrecherjagd jetzt erstmal abgesagt.«

»Okay ...«, Mark zögerte, »dann komm ich nicht, oder was?«

»Doch«, rief Elli schnell. Viel schneller, als sie gewollt hatte. »Philip und Henriette sind hier. Wir spielen Karten und Mama kocht was für uns. Komm doch auch her!«

Elli spürte, wie sie rot wurde. Was, wenn er das alles für Kinderkram halten würde? Egal. Hauptsache, er wäre in Sicherheit!

»Alles klar«, sagte Mark. »Bin ja schon unterwegs. Hab ihr eigentlich mal Nachrichten gehört?«

»Nee, wieso? Was ist denn?«, fragte Elli.

»Schaut euch mal die aktuellen Berlin-Nachrichten im Netz an. Da ...« Die Verbindung brach ab. Er hatte wahrscheinlich keinen Empfang in der U-Bahn.

»Er ist schon auf dem Weg hierher«, informierte Elli die anderen. »Wir sollen uns Berlin-Nachrichten anschauen, sagt er. Im Internet.«

Elli selbst hätte lieber Karten gespielt, aber Idi war schon aufgesprungen und machte ihren Rechner an. Während er hochfuhr, stellten sich die anderen um sie herum auf. Auch Elli kam zögernd näher. Was das wohl für Nachrichten sein würden?

»Aktuelle News aus Berlin«, las Henriette vor.

»Und?« Alle beugten sich über Idis Schultern zum Rechner und begannen zu lesen.

»Ich weiß, was Mark meint«, rief Idi als erste. »Hier gibt es jede Menge Hundenachrichten.« Sie zappelte mit beiden Beinen vor Aufregung unter ihrem Schreibtisch hin und her.

»Hier, bei Polizei und Justiz, bei den aktuellen Polizeimeldungen steht: ›Vermisste Rassehunde zu Züchtern zurückgekommen!‹«

»Und hier in der BZ: ›Oma Elke im Glück. Windhund Wimpey wieder da.‹« Philip tippte auf eine andere Überschrift.

»Oder da bei Berlin Nachrichten: Aktuelle News und Meldungen aus Berlin«, jetzt las Idi wieder. »Hochdotierter Rhodesian Ridgeback Rufus von Rufsinsland endlich aufgetaucht!«

»Was heißt denn hochdotiert?«, wollte Elli wissen.

»Das ist doch völlig wurscht.« Philip drehte sich zu ihr um. »Überall in der Stadt kommen Hunde nach Hause zurück.«

»Sind die alle abgehauen?«, fragte Idi aufgeregt. »Oder haben die Diebe sie laufen lassen?«

»Was kann das nur bedeuten?«, murmelte Elli.

»Die Bande hat aufgegeben. Etwas anderes kann es doch nicht heißen!«, rief Philip.

»Ja, das stimmt. Aber warum nur?«, rätselte Idi.

Elli schwieg. Alle Hunde waren frei und hatten wohl auch nach Hause gefunden. Oder hatte Gesine Sauter sie nach Hause gebracht? Hieß das, sie hatte aufgegeben?

Ein schriller Schrei von Henriette holte Elli aus ihren Gedanken zurück.

»Idi! Geh noch mal hoch. Da zu dem Bild da! Klick mal da drauf!«

Alle starrten auf den Bildschirm, von dem ihnen Re entgegenblickte. »Das ist die Vermisstenanzeige aus Passau. Mit der Belohnung von 1000 Euro für den Hund«, sagte Idi.

»Für Re«, sagte Philip tonlos. »Das ist Re!«

»Guckt mal, wen wir hier haben!«, platzte Thomas in die Stille hinein, die im Zimmer entstanden war. Ohne anzuklopfen war er hereingekommen und schob Mark vor sich her ins Zimmer.

»Sagt mal, spielt ihr hier auf dem Computer rum?«, fragte Thomas dann. »Wollen wir nicht lieber im Keller Tischtennis spielen? Alle zusammen? China? Ich hab unsere Platte aufgebaut.«

»Cool«, sagte Mark und Idi schaltete den Computer aus.

Auf einmal waren alle froh über die Ablenkung. Elli und Philip waren die letzten auf der Treppe nach unten.

»Was machen wir denn jetzt mit den Typen mit den Hunderennen?«, fragte Philip. »Res Besitzer haben wir gefunden und die anderen Hunde sind auch nach Hause zurückgekommen. Ist der Fall damit gelöst?«

»Eigentlich nicht«, sagte Elli. »Die Diebe müssen trotzdem bestraft werden, oder?«

»Stimmt.« Philip nickte. »Aber wenn die Bande sich jetzt nicht mehr zu Hunderennen trifft, wie finden wir sie dann?«

Elli antwortete nicht. Wie sollte sie Philipp auch erklären, dass sie im Moment ganz andere Sorgen hatte, ohne auch ihm Angst einzujagen?

»Wie geht denn ›China‹?«, fragte Mark, als alle im Keller angekommen waren.

»Kennst du das nicht?« Idi grinste. »Ist ganz einfach. Alle laufen um den Tisch rum und immer der Nächste muss den Ball zurückschlagen. Wer einen Fehler macht, ist raus. Wer als letzter übrig ist, gewinnt.«

»Habt ihr genug Schläger?« Philip kramte im Regal neben der Tischtennisplatte.

»Zwei brauchen wir noch, glaube ich«, sagte er.

»Ich hol mal Holzbrettchen aus der Küche. Das geht auch!«, rief Idi und verschwand nach oben. Mit gehexten Tischtennisschlägern würde Thomas bestimmt nicht spielen.

»Eins davon musst du nehmen«, sagte sie zu ihrem Vater, als sie wiederkam. »Du bist der beste Spieler!«

»Das werden wir ja sehen«, rief Philip und nahm sich das andere Holzbrett. »Ich fang an!« Er schoss einen schnellen, flachen Ball über die Platte.

»Nicht schlecht«, lobte Idi ihn. »Aber gegen Papa hast du keine Chance!«

Es stimmte. Gegen Thomas hatte wirklich keiner von ihnen eine Chance, noch nicht mal Idi selbst, die auch super Tischtennis spielen konnte.

Elli flog als erste raus. Nicht weil sie so schlecht war, sondern weil sie immer wieder an die Chefin denken musste. Außerdem bemühte sie sich, die Bälle für Henriette langsamer fliegen zu lassen, damit die auch mal treffen konnte. Henriette hatte noch nie Tischtennis gespielt.

»Ha!«, jubelte Thomas, als er die erste Runde gewonnen hatte. »Los, weiter geht's!«

»Komm«, sagte Idi leise zu Elli. »Spiel doch einfach mit. Mach dir nicht immer so viele Sorgen. Du hast doch gesehen, dass alles gut ist. Die Hunde sind frei. Bestimmt hat die Chefin aufgegeben! Du bist stärker als sie.«

Idi wusste nicht, was Gesine Sauter gesagt hatte, dachte Elli. Dass sie sich rächen würde. Aber vielleicht stimmte es auch nicht.

Elli nahm den Tischtennisball in die linke Hand und schlug auf. Der Ball sauste über das Netz und traf die Platte auf der anderen Seite auf der äußersten Kante. Unaufhaltbar.

»Juhu«, schrie Idi und warf ihren Schläger in die Luft. »Papa ist draußen! In der ersten Runde!«

Lachend ging Thomas um die Platte rum und nahm Elli in den Arm: »Meine Tochter!«, sagte er stolz und gab Elli einen Kuss.

Zu den anderen sagte er: »Liegt natürlich nur daran, dass ich keinen Schläger habe!« Er zwinkerte ihnen zu.

»Ja, na klar«, zogen ihn alle auf und lachten.

»Spiel mit, Mama!«, rief Idi Matea zu, die gerade in den Keller kam.

»Eigentlich wollte ich euch zum Mittagessen holen!«, antwortete Matea.

»Eine Runde noch! Bitte!«, riefen alle zusammen, sogar Thomas.

»Du kannst meinen Schläger haben«, bot Idi sofort an. Aber Matea lehnte ab. »Den nimmst du. Ich sehe hier noch einen. Sie griff ins Regal und zog einen brandneuen Schläger raus. »Damit müsste es gehen.« Sie lächelte Thomas an.

Elli war so überrascht, dass Matea Tischtennis spielen konnte, dass sie wieder in der ersten Runde rausflog. Sie setzte sich neben Lou, streichelte ihn und beobachtete das Match.

Thomas hatte seinen Pulli ausgezogen und spielte im T-Shirt weiter, weil ihm so warm geworden war. Auch Henriette hatte einen roten Kopf vor lauter Rennen und Begeisterung. Dafür, dass es ihr erstes Mal war, spielte sie richtig gut, aber schließlich verlor Henriette den Ball. Dann flog Philip raus, der seinen Aufschlag verpatzt hatte.

Der Rest der Gruppe spielte weiter. Idi, Mark, Matea und Thomas rannten lachend wie die Wilden um die Platte und trafen jeden Ball.

»Mann, Mark, ich dachte, du weißt noch nicht mal, wie das Spiel heißt!« Idi hüpfte hoch, um einen Schuss von Mark abzufangen.

»China hab ich noch nie gehört. Mätzle nennen wir das! Wir haben auch eine Platte zuhause.«

»Mätzle!«, japste Idi. So komisch fand sie dieses Wort, dass ihr nächster Schuss weit jenseits der Platte landete.

Jetzt spielten nur noch Matea, Thomas und Mark. Sie schrien und rannten, bis Thomas schließlich einen etwas zu weiten Weg

nahm und über Lous Tatzen stolperte. Immer noch lachend ließ er sich auf einen Sessel fallen.

»Ich kann nicht mehr!«

»Ich auch nicht, echt«, stöhnte Matea. »Wollen wir uns das Finale für den Nachmittag aufheben?«, fragte sie Mark. »Kommst du mit zum Essen?«

»Gerne. Danke für die Einladung.«

Wow, wie höflich er sein kann, dachte Elli, als sie alle ins andere Haus zum Essen gingen. Vielleicht würde er sie mal wieder besuchen? Es war gar nicht so seltsam, dass er hier war, wie sie befürchtet hatte. Elli wunderte sich selbst, wie sehr sie sich darüber freute.

Erst am späten Nachmittag verabschiedeten sich die Gäste und Eva, Matea und Elli blieben alleine zurück.

Sie gingen in die Küche und fingen an aufzuräumen. In ihrer großen Wohnküche war es immer am gemütlichsten.

Elli erzählte ihrer Mutter und ihrer Tante, dass nicht nur Re, sondern viele andere Rennhunde auch wieder frei waren.

Genau wie Idi waren sich Eva und Matea sicher, dass das nur eines bedeuten konnte: Die Chefin musste aufgegeben haben!

»Wir haben trotzdem was aus diesem Schreck gelernt.« Eva hatte Ellis Gedanken gelesen. Jetzt streichelte sie sich sanft über ihren Bauch.

»Ja!« Matea stimmte ihrer Schwester zu und setzte sich mit einem Geschirrtuch über der Schulter zu Elli und Eva an den Tisch. »Wir haben uns etwas überlegt, und dir wird das sehr gefallen, Elli! Da bin ich mir sicher.«

»Wirklich?« Elli war plötzlich ganz aufgeregt. »Was denn?«

»Sag du es ihr!« Matea nickte Eva zu.

»Matea und ich wollen uns nicht trennen«, begann Eva. »Wir werden Alexander und Henni fragen, ob sie nicht mit mir bei uns nebenan einziehen wollen.«

»Nebenan?« Das konnte doch nicht sein, dachte Elli. »Aber wo denn?«

»Na, wo jetzt Papa und Idi wohnen.« Matea lächelte.

»Und die ziehen dann ...?« Elli wagte es nicht, die Frage zu Ende zu stellen.

»Die ziehen zu uns. Ich bleibe, wo ich bin, Papa bekommt Evas Zimmer und ihr Badezimmer. Und Idi und du müsst euch dein Zimmer teilen. Was meinst du? Klappt das?«

»Yes!«, jubelte Elli. Sie wusste nicht, wen sie zuerst umarmen sollte, Eva oder Matea.

»Freu dich nicht zu früh«, meinte Matea. »Noch kennen weder Alexander noch Papa unseren Plan, und zugestimmt haben sie ihm schon gar nicht.«

»Natürlich freu ich mich!«, rief Elli. »Wann, wenn nicht jetzt? Wenn sie Ja sagen, war es nicht zu früh. Und wenn sie Nein sagen, hab ich mich wenigstens heute gefreut! Und wie!«

»Absolut! Das ist die richtige Einstellung«, lachte Eva. »Dem kann ich nur zustimmen!«

Elli konnte einfach nicht auf ihrem Stuhl sitzen bleiben. Sie sprang auf und fing an, durch die Küche zu wirbeln und Mateas kleine Kräutertöpfe vom Fensterbrett abheben und durch die Luft tanzen zu lassen.

Lachend schauten Eva und Matea Elli bei ihrem Tanz zu.

»Heißt das dann, dass du und Papa …?«, fragte Elli, als sie sich auf ihren Stuhl fallen ließ. »Also, dass ihr …?«

»Nein, das heißt es nicht, Elli.« Matea schüttelte den Kopf. »Dafür ist es einfach noch zu früh. Wenn die Zwillinge nicht in sechs Wochen kommen würden, könnten wir alles so lassen wie es ist, oder Eva? Aber so …«

»Verstehe ich«, sagte Elli. »Ich bin so froh, dass du nicht wegziehst, Tante Eva. Und wisst ihr, was das Beste ist? Durch die Wände hier kann man zaubern. Idi und ich haben es versucht. Es klappt!«

»Als ob wir das nicht wüssten!« Eva grinste. »Was glaubst du, wie oft wir als Kinder ausprobiert haben, wie weit unsere Kräfte reichen?«

»Echt? Wir nicht«, sagte Elli. »Ich bin ja nicht mit Idi zusammen aufgewachsen! – War nicht so gemeint«, sagte sie zu Matea, als sie ihren Blick bemerkte. »Immerhin sind Idi und ich jetzt jeden Tag dabei, wenn Emma und Mila aufwachsen … Oopsie!« Sie schlug sich mit der Hand vor den Mund.

Tante Eva schüttelte lachend den Kopf. »Woher weißt du denn schon wieder, wie die Mädchen heißen sollen? Das haben wir noch niemandem gesagt.«

»Das war ich echt nicht!«, rief Elli. »Das war Idi, die hat es im Kristallslime gesehen, den die Omas mir geschenkt haben.«

Auch Matea schüttelte lachend den Kopf. »Au weia, die Omas! Die ziehen aber wirklich weg, Elli. Nach England, wie sie es geplant haben. Frau Sauter nehmen sie gleich mit. Findest du das schlimm?«

»Dass sie Frau Sauter mitnehmen?« Elli glaubte sich verhört zu haben. »Das ist die beste Nachricht des Jahres!«

Nur weil Frau Sauter sich vorgenommen hatte, netter zu sein, hieß das noch lange nicht, dass ihr das auch in der Schule gelingen würde.

»Esther und Matilda können wir doch in den Ferien besuchen«, sagte Elli zu Matea. »Papa freut sich auch, wenn er hört, dass sie wegziehen wollen und mir ist alles recht, so lange Tante Eva bei uns bleibt!«

»Danke, du Süße.« Eva wischte sich eine Träne aus dem Augenwinkel. »Ich bin froh, wenn die Babys endlich da sind. Ich muss ständig heulen, seit ich schwanger bin!«

»Aber was ist, wenn Thomas und Alexander nicht wollen?«, fragte Elli.

»Alexander wird schon wollen!« Eva schien keine Bedenken zu haben. »Der liebt es, hier bei uns zu sein, das sagt er oft. Dass er sich Geschwister wünscht für Henni, und wie schön es ist, wenn alle zusammen sind!«

»Wenn Thomas es nicht will, muss er sich eine eigene Wohnung nehmen«, sagte Matea mehr zu Eva als zu Elli. »Mein Zuhause ist hier mit euch. In der großen Patchworkfamilie!«

Elli nickte. Natürlich, ihr Zuhause war auch hier bei Eva und Matea. Idi würde sicher gerne zu ihnen ziehen, aber wäre es nicht schön, wenn auch ihr Vater dort leben wollte, wo sie und Idi zuhause waren?

# Verbrecherjagd

Am nächsten Nachmittag gingen Elli, Idi und Philip gemeinsam von der Schule nach Hause.

»Ich hab meinen Eltern gesagt, dass wir die Besitzer von Re gefunden haben. Auguste von Auerbach heißt Re eigentlich«, erzählte Philip seinen Freundinnen und verzog sein Gesicht. »Was für ein Name! Naja, wir haben da gestern noch angerufen.«

»Und jetzt?«, wollte Idi wissen.

»Jetzt kommen sie sie abholen. Am Wochenende fahren sie von Passau rauf. Die sind überglücklich, dass wir sie gefunden haben.«

Elli und Idi schauten Philip an. Es tat ihnen leid, dass er Re wieder hergeben musste. Aber Philip war überhaupt nicht traurig.

»Wisst ihr was?« Triumph schwang in seiner Stimme mit. »Sie schenken mir Ronny und die Tausend Euro Belohnung noch dazu. Damit kann ich mir die Hundeschule für sie leisten und Futter für die erste Zeit auch. Später muss ich mit Schülerjobs was dazuverdienen, sagen meine Eltern. Aber erstmal sind die total happy.«

Elli freute sich, und Idi rief auch sofort: »Super!«

»Jetzt ist auch die Polizei informiert«, erzählte Philip. »Res Diebstahl war dort bereits gemeldet. Wir werden alle noch Aussagen machen müssen und dann kriegen sie diese Verbrecher bestimmt.«

»Cool!«, fand Idi. »Ich war noch nie bei der Polizei.«

»Die Bande hat die Hunde freigelassen, Re kommt nach Haus und du darfst Ronny behalten. Jetzt wäre eigentlich alles gut, wenn wir nur wüssten, was die Chefin als Nächstes vorhat«, gab Elli zu bedenken.

»Wenn du es nicht weißt ...« Idi zuckte mit den Achseln.

»Was?« Elli schaute Idi fragend an. »Woher soll ich denn wissen, wo sie ist oder was sie machen wird?«

»Du hast sie erlebt. Ich kann mich an nichts erinnern«, sagte Idi. »Schon vergessen?

»Finden würden wir sie«, meinte Philip. »Ich bin mir sicher, dass Re ihre Fährte aufspüren und uns zu ihr führen könnte.«

Bei dem Gedanken, der Chefin ein zweites Mal zu begegnen, lief Elli ein kalter Schauer über den Rücken. Aber ihr fiel kein anderer Weg ein. Es dauerte eine ganze Weile, bevor sie antwortete.

»Okay«, sagte sie schließlich. »Dann suchen wir sie. Hoffentlich ist sie noch in Berlin. Vielleicht ist sie ja wirklich abgehauen.«

»Wir probieren es!«, entschied Idi.

»Aber Philip sollte besser zuhause bleiben«, überlegte Elli.

»Auf gar keinen Fall! Wenn Re sie finden muss, bin ich dabei!«

»Wie soll Re denn eigentlich die Fährte aufnehmen?«, fragte Idi.

»Das Stück der Leine, das die Chefin in der Hand hatte. Das können wir doch nehmen!«, schlug Elli vor.

»Dann los!« Idi schien die Sache schon wieder Spaß zu machen. Klar, es klang ja auch nach einem Abenteuer. Sie beschlossen, Ronny zu Beate und Bella in Sicherheit zu bringen, und dann mit Re aufzubrechen.

»Shit«, rief Idi, als sie das Haus der Schwestern Belzig im Maulbeerweg verlassen hatten. »Wir können ja gar nicht fliegen! In der Luft wird Re keine Spuren finden.«

»Das fällt dir jetzt ein?« Philip tippte sich mit dem Finger an die Stirn.

»Sorry«, murrte Idi. »Ans Fliegen kann man sich echt gewöhnen!«

»Also, von hier aus können wir nicht laufen. Ich für meinen Teil komme nicht auf 40 Stundenkilometer wie Re, außer ich fliege«, sagte Elli.

»Von hier aus doch nicht«, sagte Philip. »Wir müssen zum Mommsenstadion. Da haben wir sie ...«

Aber Idi unterbrach ihn mitten im Satz: »Das ist es! Du bist ein Genie, Elli!«

»Hä?« Elli klang nicht gerade genial.

»Re läuft, wir verfolgen sie im Kristallslime und wenn sie die Chefin gefunden hat, fliegen wir hin.«

Philip überlegte. »Hm, warum nicht? Was Klügeres fällt mir auch nicht ein.«

»Was soll das denn heißen?« Idi war empört. »Warum soll das nicht klug sein?«

»Na ja. Was, wenn wir nicht kapieren, wo sie lang läuft? Wenn wir die Straßen nicht erkennen und sie verlieren?«, warf Elli ein. Sie wollte Re auf keinen Fall wieder verlieren.

»Oder wenn sie zu schnell da ist und die Chefin sie sich schnappt und mit ihr abhaut?« Auch Philip hatte Bedenken.

»Mann, ihr seid solche Angsthasen«, rief Idi. »Du kennst dich doch gut aus in Berlin, Philip. Du gehst doch immer überall alleine hin. Ich bin mir sicher, dass du das schaffst. Und du musst uns vertrauen!«

Ich muss vor allem mir und meinen Kräften vertrauen, dachte Elli. Sie musste die Angst unterdrücken und sich auf Idi und Philip und sich selbst konzentrieren. Sie hoffte so sehr, dass Idi sich nicht irrte, und dass sie es zusammen schaffen würden.

Nachdem sie durch die leeren Straßen der Siedlung Heerstraße das Mommsenstadion erreicht hatten, sagte Elli entschlossener, als sie sich fühlte: »Dann her mit dem Slime!«

Elli selbst zauberte das Ende der Leine her, das Re noch um den Hals gehabt hatte, als sie am Tag zuvor zu Elli und Idi zurückgekommen war.

Sie beugte sich mit der Leine zu Re hinunter und schaute die Hündin an. Philip kniete sich neben Elli. Er streichelte Res Kopf und sagte zu ihr: »Re, finde die Chefin. Es ist sehr wichtig. Wenn du sie siehst, warte auf uns! Geh nicht alleine zu ihr, okay?«

»Als ob sie das versteht!« Idi schüttelte den Kopf. Aber Re erwiderte Philips Blick mit ihren weisen, bernsteinfarbenen Augen. Elli fand, dass es so aussah, als nickte sie. Dann schnüffelte sie an der Leine und fing an zu suchen. Einen Moment lang lief sie schwanzwedelnd mit der Schnauze am Boden hin und her, dann bellte sie leise. Sie kam zu Philip zurück, stupste ihre Schnauze in seine Kniekehle, als wollte sie ihm Tschüss sagen, und rannte los.

»Ist der Slime bereit?«, fragte Elli.

Idi nickte und starrte konzentriert auf die glibbrige Masse, die sie Philip in die Hände geschüttet hatte.

»Ich seh nichts«, sagte Philip.

»Ich auch nur Schatten«, stimmte ihm Elli zu. »Jetzt kommt es auf dich an, Idi. Du musst Philip sagen, wo Re langläuft, so dass er den Weg erkennt.«

Ihr Herz klopfte so laut in ihrer Brust, dass sie fürchtete, die anderen könnten es hören. Aber Idi und Philip waren völlig auf ihre Aufgabe konzentriert.

»Ich seh sie von oben«, berichtete Idi. »Sie läuft immer geradeaus, noch hat sie die Richtung nicht geändert.«

»Zur Heerstraße also«, sagte Philip.

»Jetzt biegt sie ab!«, rief Idi aufgeregt. »An einem Platz. Wartet, wo ist das? Ich seh was. Da ist ein blauer Turm drauf.«

Philip hatte die Augen geschlossen, um sich ganz auf das zu konzentrieren, was Idi sagte.

»Der Theodor-Heuss-Platz«, sagte er. »Noch ist es einfach! Und jetzt?«

»Sie läuft immer weiter geradeaus«, sagte Idi schnell. »Eine irre breite Straße lang. Mit so Laternen links und rechts. Und jetzt ...«, sie stockte. »Jetzt kommt ein großes altes Gebäude, auf beiden Seiten der Straße. Ist das ein Tor?«

»Das alte Stadttor von Charlottenburg! Sie läuft in Richtung Mitte, die Straße des 17. Juni runter.«

Fasziniert betrachtete Elli, wie Idi und Philip dastanden. Idi hatte nach Philips Handgelenken gegriffen und beobachtete aufmerksam den Slime, in dem sie so viel und die anderen gar nichts sehen konnten.

»Jetzt kommt was. Das kenn sogar ich«, rief Idi aufgeregt. »Das ist diese Säule mit dem Friedensengel drauf!«

»Das ist kein Engel«, korrigierte Elli sie. »Das ist eine Viktoria, die ...« Aber keiner beachtete sie.

»Läuft sie jetzt über eine Brücke?«

»Ja, woher weißt du das?«, wunderte sich Idi.

Philip öffnete die Augen und grinste Idi an. »Das kennt doch jedes Kind. Das ist die Brücke über die Spree bei Bellevue. Wir

müssen echt mal Ausflüge durch Berlin machen, wenn das hier vorbei ist! Du kennst dich ja gar nicht aus.«

»Konzentrier dich lieber«, sagte Idi. »Jetzt läuft sie an so gelben Backsteinbögen vorbei.«

»Richtung Hauptbahnhof! Ob die schon abgehauen ist, die Chefin?«, fragte Philip.

»Mit dem Zug wohl kaum«, bemerkte Elli und dachte an das Theater, das Esther und Matilda gemacht hatten, als sie mit ihr im Zug nach Hamburg fahren sollten, anstatt einfach dorthin zu fliegen.

»Sie biegt wieder ab«, informierte Idi die anderen.

»Wohin denn jetzt?«, fragte Philip aufgeregt.

»Keine Ahnung. Da ist ein großes weißes Hochhaus und ... Jetzt kommt eine neue Kurve!«

»Und wo ist sie jetzt?« Philip starrte auf den Slime. Elli merkte, wie nervös auch er war.

»Keine Ahnung. Da sind Sportplätze auf der rechten Seite. Nun läuft sie wieder geradeaus.« Idi schien nichts Besonderes zu sehen.

»Keine Ahnung, wo das sein könnte.« Philip schüttelte den Kopf.

»Mist!«, rief Elli. »Wir dürfen sie nicht verlieren. Sie ist schon so weit weg!«

Da schrie Idi plötzlich auf. Sie ließ Philips Hände los und entriss ihm den Slime.

»Wir müssen los! Ich weiß, wo sie ist. Sie ist bei Frau Sauter im Park vor der Reha-Klinik. Ich habe sie gesehen: Gesine und Gerlinde Sauter sind beide da!«

Elli spürte, wie ihr das Blut aus dem Gesicht wich. Frau Sauter und ihre Schwester waren zusammen? Verfügte Frau Sauter wieder über ihre Zauberkräfte? Bei Esther und Matilda waren sie von einer zur nächsten Sekunde wiedergekommen.

»Was stehst du hier rum und glotzt in die Luft«, rief Idi. »Mach schon, nimm Philips Hand! Wir müssen zu Re, bevor die Chefin mit ihr verschwindet!«

Idi hatte recht. Elli griff nach Philips Hand und zusammen flogen sie so schnell sie konnten los. Es dauerte nur wenige Minuten, bis sie mitten im Park der Klinik landeten.

Frau Sauter saß auf der Parkbank und neben ihr stand ihre Zwillingsschwester Gesine. Sie begrüßte Elli, Idi und Philip mit einem grässlichen, heiseren Lachen. Ein paar Meter entfernt drehte sich Re bellend immer wieder im Kreis um sich selbst.

»Schau mal, Schwesterherz«, krächzte die Chefin. »Wir haben Besuch und die Herrschaften haben mir meinen Lieblingshund zurückgebracht!«

Frau Sauter antwortete nicht. Sie hatte einen ganz seltsamen Gesichtsausdruck, den Elli nicht deuten konnte.

»Wie aufmerksam von euch, Augusta zu mir zurückzubringen«, sagte die Chefin höhnisch zu den Kindern. »Ich dachte schon, dass ich sie mir selbst wiederholen muss, nachdem diese Volltrottel alle meine Hunde haben laufen lassen! Weil sie sich in die Hose machen vor Angst, dass ein paar dämliche Kinder uns auffliegen lassen!«

»Das ist nicht Ihr Hund! Sie gehört einem Züchter in Passau!« Philip war wütend. »Sie läuft Ihnen weg. Sie will nicht bei Ihnen sein.«

»Ist das so?« Die Chefin verzog das Gesicht zu einem abfälligen Grinsen. »Komisch, jetzt scheint sie gerade nicht wegzulaufen! Vielleicht hat sie ihre Meinung geändert?«

»Glaub ich nicht!« Philip lief auf Re zu. Aber als er die Hand nach ihr ausstreckte, schrie er plötzlich auf und zuckte zurück. »Au! Was war das?« Fragend schaute er Elli an.

Philip hatte Re nicht berühren können. So, als ob eine Wand zwischen ihm und ihr war.

Was kann das nur sein?, überlegte Elli und schaute sprachlos zu, wie Philip sich erneut die Hand verletzte, als er sie ein zweites Mal nach Re ausstreckte.

Langsam ging auch sie auf Re zu. Je näher sie ihr kam, desto kälter wurde es. Plötzlich wusste Elli, was die Chefin gemacht hatte.

»Sie haben sie eingesperrt!« Empört drehte sie sich zur Chefin um. »In einen Zauberraum!«

»Lassen Sie sie sofort frei!«, rief Idi. »Schaut doch mal. Re weiß nicht, was mit ihr passiert. Sie ist völlig außer sich! Sie hat Angst.«

»Na und?« Die Chefin lachte ungerührt. »Ein bisschen Angst hat noch niemandem geschadet!«

Dann ging sie mit einem fiesen Lächeln auf Elli zu. »Mit Angst kennst du dich doch aus, oder?«

Elli ballte die Hände in ihrer Jackentasche zu Fäusten. Sie durfte sich von der Chefin nicht in die Enge treiben lassen.

»Oder willst du sie etwa befreien?« fragte die Chefin. »Versuchs doch. Ich bin sowieso gespannt, wer von uns beiden die mächtigere Hexe ist!«

»Lassen Sie Re laufen!«, verlangte Elli. »Sie hat nichts damit zu tun!«

»Ich denke nicht daran. Im Gegenteil. Re hat es noch viel zu gemütlich in ihrem Zauberraum, aber das wird sich gleich ändern, wenn du es nicht verhindern kannst!«

Entsetzt sahen Elli, Idi und Philip zu, wie Re immer kleinere Kreise drehte und sich schließlich erst bellend und dann winselnd am Boden zusammenkauerte und die Schnauze unter ihren Vorderpfoten verbarg.

»Komm, zeig's mir!«, forderte die Chefin Elli wieder auf. »Wer ist stärker? Du oder ich?«

»Wir sind stärker!« Plötzlich stand Idi direkt neben Elli und ergriff ihre Hand. Im selben Moment wusste Elli, dass Idi recht hatte. Idi und sie waren stärker. Zusammen würden sie Re befreien!

»Denk sie frei, Idi!« Elli war sich mit einem Mal sicher. »Ein Zauberraum ist nichts für einen Hund!«

»Wie denn?«, fragte Idi.

»Stell dir vor, wie sie wegläuft. Unsere Vision muss stärker sein, als die von der Chefin. Streng dich an!«

Sie schauten wie gebannt auf Re, die aufgehört hatte zu winseln und langsam die Schnauze hob.

»Weiter!«, verlangte Elli. Aus den Augenwinkeln sah sie Gesine Sauter, die immer noch höhnisch lachte.

Als sich Re auf die Hinterbeine setzte, wurde die Chefin misstrauisch.

»Was macht ihr zwei da?«, tobte sie, als sie merkte, dass sie an Einfluss verlor. Sie drehte sich erneut zu Re um und starrte sie hasserfüllt an. Als Re aufsprang und einen Schritt nach vorne machte, schreckte sie jaulend wieder zurück.

»Re!«, schrie Philip. »Was passiert mit Re?«

»Schließ die Augen«, sagte Elli zu Idi. »Noch ist sie nicht frei, aber wir schaffen das!«

Ein weiteres Mal schien Re Mut zu fassen, aber wieder stieß sie bei dem Versuch, aus dem Zauberraum auszubrechen, an eine unsichtbare Wand. Verzweifelt schauten Elli und Idi sich an. Was sollten sie nur tun?

»Jetzt ist Schluss!«, hörten sie da auf einmal Frau Sauters Stimme donnern. »Hört auf! Jetzt ist Schluss! Mir reicht es!«

Sie richtete sich mit ihren Krücken auf. Es war das erste Mal, dass sie überhaupt gesprochen hatte, seit Elli, Idi und Philip angekommen waren.

Nicht nur die Kinder starrten Frau Sauer an, auch die Chefin war für einen Moment irritiert. Doch dann fasste sie sich.

»Wann Schluss ist, sage immer noch ich!«, schrie sie erbost und wollte ihre Schwester auf die Bank zurückschubsen. Aber als sie Frau Sauter berührte, sprang sie zurück, als ob sie sich verbrannt hätte und rieb sich laut aufheulend den Arm.

In derselben Sekunde sprang Re in die Höhe und rannte bellend durch den Park. Sie war frei. Elli und Idi hatten es auf einmal geschafft, sie hatten den Zauberraum der Chefin geknackt.

»Du hast mich abgelenkt!«, tobte Gesine Sauter. »Sonst hätten die das nie hinbekommend. Wieso beschützt du diese Gören?«

»Die Gören können sich selbst beschützen, besser, als dir lieb ist«, schimpfte Frau Sauter. »Aber es wurde Zeit, dass du aufhörst, diesen Hund zu quälen!«

»Das wirst du mir büßen!«, fauchte die Chefin und ging provozierend langsam auf ihre Schwester zu. Sie hob beide Arme bedrohlich in die Luft und wirkte größer und mächtiger, als sie Elli jemals vorgekommen war. Selbst Frau Sauter, die eben noch so unerschrocken gewesen war, duckte sich instinktiv. Elli wollte ihr zu Hilfe kommen, aber noch bevor sie sich bewegen konnte, stieß die Chefin einen entsetzlichen Schrei aus. Vor den Augen der Kinder und ihrer Schwester begann sie sich in dem Moment, als sie ihre Verwünschung ausstoßen wollte, zu verwandeln. Unter Zetern und Stöhnen schrumpfte sie wie ein Luftballon, aus dem man die Luft rausließ. Ihre erhobenen Arme sanken herab, ihre Beine bogen sich und auch ihr Rücken war auf einmal ganz krumm. Sie wurde klein und schrumpelig und am Ende war sie um Jahre gealtert.

»Was macht ihr mit mir?«, bellte die Chefin Elli und Idi an, während sie entsetzt an sich runterschaute.

Elli warf Idi einen Blick zu, aber die verzog nur ratlos den Mund.

»Sie war das!« Philip zeigte auf Frau Sauter.

»Was hast du getan?«, schrie die Chefin Frau Sauter an.

»Ich habe gar nichts getan, aber es scheint, als stimmte das, was sich die anderen Hexen erzählen.« Frau Sauter setzte sich ermattet auf die Parkbank.

»Was denn? Was sagen die anderen Hexen?«, wollte Idi wissen.

»Anscheinend gibt es eine Tat, die selbst böse Hexen nicht ungestraft begehen dürfen!«

Frau Sauters Satz hing einen Moment in der Luft, bevor irgendjemand etwas sagte.

»Ihre Schwester verletzen!« Auf einmal hatte Elli verstanden, was hier passiert war.

»Meine Kräfte sind weg! Weg, weg, weg ...«

Der Schrei der Chefin hallte durch den ganzen Park. Sie warf sich auf den Boden und trommelte mit ihren Fäusten darauf herum.

Frau Sauter konnte nur mit den Schultern zucken.

»Das hast du dir selbst zuzuschreiben. Es ist allein deine Schuld!«

Die Chefin schrie auf und wollte sich erneut auf ihre Schwester stürzen, aber diesmal konnten Elli und Idi sie leicht aufhalten. Frau Sauter tat so, als hätte sie diesen neuen Versuch, sie anzugreifen, gar nicht bemerkt.

»Meine Kräfte sind auch weg«, sagte sie ungerührt zu ihrer Zwillingsschwester. »Schon seit Jahrzehnten. Aber das weißt du ja. Man gewöhnt sich dran. Irgendwann.«

»Jahrzehnte?«, kreischte die Chefin. »So soll ich jahrzehntelang rumlaufen? Ohne meine Kräfte? Ohne ...?« Der Rest ging unter in lautem Heulen.

Elli und Idi ließen die Chefin los, die völlig kraftlos neben Frau Sauer auf die Bank sank, und tauschten einen Blick aus. Das war es also. Die Hundediebin hatte ihre Kräfte verloren. Für immer. Und daran war, genau wie Frau Sauer gesagt hatte, ganz alleine sie selbst schuld. Sie konnte Elli und Idi nicht mehr gefährlich werden. Und den Hunden auch nicht! Elli merkte, wie eine unglaubliche Last von ihr abfiel. Sie hatten es zusammen geschafft. Sie hatten die Chefin besiegt!

»Was machen wir jetzt mit der?«, fragte Philip.

»Verschwinden soll sie«, verlangte Frau Sauter. »Ich will sie weder in Berlin noch in London haben.«

»Kein Problem«, grinste Idi, die natürlich mal wieder sofort eine Idee hatte. »So«, sagte sie gleich darauf zur Chefin. »Jetzt passen die Klamotten wieder! Ich hab sie so klein gehext, wie Sie jetzt sind. Und die Schuhe passen auch. Damit können Sie jetzt prima losgehen und aus unserem Leben verschwinden. In der Jackentasche ist ein Ausweis, Geld und ein Ticket nach Kuala Lumpur. Und bloß nicht wiederkommen!«

Sie hatte der Chefin praktische Schuhe und beige Hosen, sowie eine dunkelblaue Sportjacke angehext. Auf ihren Schultern saß ein Reiserucksack, der vollgepackt mit praktischen Sachen war.

Gesine Sauter schrie vor Wut, während sie an sich herunter starrte.

»Lasst uns abhauen!«, sagte Philip. »Mit der sind wir fertig, und jetzt will ich zu Re und schauen wie es ihr geht.«

»Ich muss auch wieder in die Klinik«, sagte Frau Sauter müde. »Das war zu viel für mich.«

»Tschüss, Frau Sauter!« Elli reichte ihrer ehemals verhassten Klassenlehrerin die Hand. »Und vielen Dank!«

Frau Sauter ergriff ihre Hand. »Ich danke euch!«

Es kam Elli so vor, als würde Frau Sauter sie zum ersten Mal überhaupt richtig anschauen.

»Bis bald«, sagte sie zu ihr und nahm sich fest vor, Frau Sauter demnächst wieder in der Klinik zu besuchen. Dann drehte sich Elli zu Idi um und zusammen mit Philip erhoben sie sich in die Luft. Aus den Augenwinkeln sah Elli, wie Frau Sauter langsam in Richtung Klinikgebäude humpelte, während die Chefin schimpfend und tobend in entgegengesetzter Richtung den Park verließ. Elli blickte zu Idi rüber und schwor sich, nichts und niemanden jemals zwischen sich und ihre Zwillingsschwester kommen zu lassen.

15

# Tante Evas Zwillinge

In den nächsten Wochen beobachtete Elli glücklich, wie es morgens immer früher hell und abends immer später dunkel wurde. Die Sonne schien fast jeden Tag und der Himmel war strahlend blau. Im Vorgarten waren schon im Februar die ersten Schneeglöckchen und Krokusse zu sehen gewesen und jetzt Ende März blühten die gelben Forsythien-Büsche hinten im Garten.

Elli, Idi, Philip und Henriette gingen jeden Tag mit Lou und Ronny im Grunewald spazieren. Ronnys Lieblingsort war und blieb die Kiesgrube, wo der Schnee schon lange wieder geschmolzen war. Matea verbrachte ihre Wochenenden im Garten, um den Flieder und die Rosen zu beschneiden und das erste Gemüse an einer geschützten Stelle der Terrasse in einem ihrer Hochbeete zu sähen.

Oft saß Eva in dicke Decken eingemummelt auf der Terrasse und sah ihr dabei zu. Sie hatten die Hecke, die die Gärten getrennt hatte, versetzt und die beiden Terrassen miteinander verbunden. Das war eigentlich das einzige, das sie wirklich am Haus verändert hatten, seit Henriette, Eva und Alexander nebenan eingezogen waren. Wenn Eva dort draußen saß, quetschte sich ihr Kater Nero meistens noch irgendwo mit auf ihren Stuhl oder legte sich einfach oben auf ihren Bauch.

Eva hatte vor einer Woche aufgehört, in der Praxis zu arbeiten. Es war ihr zu mühsam geworden mit ihrem dicken Bauch. Eigentlich waren es noch zwei Wochen bis zum errechneten Geburtstermin, aber Eva war sich sicher, dass sie nicht mehr so lange warten musste. Auch deshalb wollte sie nicht mehr arbeiten und die »Ruhe vor dem Sturm« genießen. Elli fand es wunderbar, dass jetzt nachmittags, wenn sie aus der Schule kamen, jemand zu Hause war.

»Zwillinge kommen immer früher«, erklärte Eva Elli, Idi und Henriette eines Nachmittags, als sie zusammen auf der Terrasse in der Frühlingssonne saßen.

»Warum?« Idi nahm einen Schluck von der Zitronenlimonade, die Eva für sie gehext hatte.

»Keine Ahnung.« Eva kraulte Nero fröhlich hinter seinen schwarzen Öhrchen. »Aber ich habe nichts dagegen! Sie sollen rauskommen. Ich will endlich wissen, wie sie aussehen und was sie für Kräfte haben.«

»Oh, ich auch«, rief Henriette begeistert. »Vielleicht sehen sie mir ja ähnlich. Oder zumindest eine von ihnen.«

»Bestimmt!«, sagte Eva. »Mädchen sehen oft wie der Vater aus, vor allem als Neugeborene. Du siehst Alexander immer noch ähnlich.«

»Echt?« Henriette verzog das Gesicht. »Uh! Bloß nicht!«

Aber Eva lachte nur. »Doch, doch, dieselben grünen Augen und das gleiche Lächeln. Ganz bestimmt. Wäre doch süß, wenn Emma auch so grüne Augen hätte wie du.«

»Elli hat auch grüne Augen. Was ist schon dabei«, rief Idi. Sie interessierte sich nicht die Bohne für das Aussehen der Babys. »Ich will nur wissen, ob es stimmt, was ich im Slime über ihre Kräfte gesehen habe«, rief sie.

»Vielleicht ist ja die eine wie Ladybug und die andere wie Supergirl«, schlug Henriette vor.

Über so viel Unwissen konnte Idi sich nur wundern.

»Mann, Henni. Wir sind doch hier nicht im Disney-Channel. Die Kräfte sind die Elemente: Elli hat Luft und Feuer, ich habe Erde und Wasser. Matea Luft und Erde und Eva Feuer und Wasser!«

»Was haben eigentlich Esther und Matilda?« Komisch, dachte Elli, dass ich darüber noch nie nachgedacht habe.

»Keine Ahnung!« Eva schüttelte den Kopf. »Bei mittelmäßig begabten Hexen lässt sich das oft nicht so genau feststellen. Das wissen bestimmt noch nicht mal sie selbst!«

Idi kicherte. »Mittelmäßig begabte Hexen, lass die das bloß nicht hören!«

»Bestenfalls mittelmäßig«, wiederholte Eva in aller Seelenruhe und stopfte sich ein großes Stück von ihrem Thunfisch-Sandwich in den Mund.

»Sind Beate und Bella auch nur mittelmäßig begabt?«, wollte Elli wissen.

»Hm, hm hm ...«, machte Eva mit vollem Mund. Es dauerte eine Weile, bis sie wieder richtig sprechen konnte, dann sagte sie: »Na ja, also mittelmäßig ist ein gemeines Wort, aber ja. Beate und Bella sind zwar sehr nett, aber eben eher so Feld-Wald-und-Wiesen-Hexen. Ist ja nichts Schlimmes, die muss es schließlich auch geben.«

Idi und Elli lachten sich kaputt über Eva, die gar nicht verstand, was los war.

»Wenn du über Beate und Bella redest, ist mittelmäßig gemein, aber bei Esther und Matilda trifft es anscheinend genau zu«, erklärte Elli Tante Eva, was hinter ihrem Lachanfall steckte.

»Na ja, so ist es doch auch.« Eva blieb ungerührt. »Hexen wie euch beide gibt es nicht alle Tage!«

»Ob wir Esther und Mathilda wohl jemals wiedersehen, wenn sie erstmal in London sind?«, fragte Elli mehr sich selbst als die anderen.

»Emma und Mila werden ganz bestimmt nicht mittelmäßig!«, rief Henriette dazwischen.

»Auf gar keinen Fall!«, bestätigte auch Eva. Dann schrie sie plötzlich auf. »Autsch. Was ist das denn?« Sie hielt sich den Bauch. »Uh, tut das weh!«

Elli, Idi und Henriette schauten Eva erschrocken an.

»Alles okay, Tante Eva?«, fragte Elli, aber Eva antwortete nicht. Sie atmete nur ganz schnell und hielt ihren Bauch fest.

»Ruf Mama an!«, schrie Idi Elli zu.

»Nein«, presste Eva hervor. »Ruft zuerst den Krankenwagen! Es geht los!«

Ellis Herz klopfte wild, als sie ins Haus rannte und 112 auf dem Telefon in der Diele wählte.

»Meine Tante muss ins Krankenhaus«, rief sie. »Sie kriegt ein Baby. Nein, zwei Babys«, korrigierte sie sich. »Zwillinge!«

Sie nannte ihre Adresse und der Mann, mit dem sie gesprochen hatte, versprach, dass sie in zehn Minuten da sein würden. Als Elli wieder nach draußen kam, war Eva aufgestanden. Sie lief auf der Terrasse auf und ab wie ein Tiger im Käfig.

»Ich hol die Babytasche von oben!« Elli war schon wieder auf dem Weg ins Haus. »Sie kommen gleich. Alles wird gut!«

»Mama auch«, sagte Idi. »Ich hab sie gerade angerufen!«

»Papa fährt direkt ins Krankenhaus, sagt er. Dann ist er da, wenn Eva ankommt«, rief Henriette.

»Komm, wir gehen«, sagte Elli, als sie mit der Tasche wieder runterkam. Sie nahm Eva bei der Hand und führte sie zur Haustür. Der Krankenwagen war schon da.

»Ihr könnt nicht mitfahren. Tut mir leid«, sagte der Sanitäter, der sich um Eva kümmerte. Er und ein weiterer Mann legten Eva auf eine Art tragbares Bett und schoben sie in den Wagen hinten rein.

»Was ist?«, rief Eva ihnen zu. »Ihr schaut mich an, als ob ich sterben würde.« Lachend richtete sie sich auf dem Bett auf.

»Ich krieg doch nur zwei Babys! Wenn ihr mich nachher besuchen kommt, bringt mir bitte noch ein Thunfisch-Sandwich mit, das war sehr lecker!«

Nachher, dachte Elli. Ob das wirklich so schnell gehen würde? Sie hoffte es sehr. Sie vermisste Tante Eva schon jetzt. Als ihre Tante fuhr sie jetzt ins Krankenhaus und als die Mutter von Emma und Mila würde sie wieder rauskommen. Elli konnte sich Tante Eva überhaupt nicht als Mutter vorstellen. Eva war so cool, viel cooler als Matea. Immer gut gelaunt und lustig. Ob sie als Mutter auch so sein würde?

»Bist du eifersüchtig auf die Zwillinge?«, fragte Elli Henriette, als sie ins Haus zurückgingen.

»Auf die Zwillinge?« Henriette schien nicht zu verstehen, was Elli von ihr wollte. »Die sind doch noch nicht mal auf der Welt!«

Henriette hat ja so recht, dachte Elli und war froh, dass Idi ihre Frage nicht gehört hatte. Die hätte mal wieder den Kopf über sie geschüttelt. Zusammen mit Idi beschloss sie, das Haus nicht zu verlassen, bis Matea sie aus der Klinik anrief.

»Ich will die Zwillinge unbedingt heute noch sehen!«, verkündete Idi.

Aber daraus wurde nichts. Emma und Mila wurden mitten in der Nacht geboren, als Elli, Idi und alle anderen, bis auf Eva und Alexander natürlich, schon fest schliefen. Sie sahen die Babys erst,

als Tante Eva am nächsten Tag mit ihnen nach Hause kam. Auch wenn sie sehr, sehr niedlich waren, und Elli und Idi Tante Eva auch fleißig beim Wickeln halfen, waren sie heimlich doch ein bisschen enttäuscht.

»Die können ja gar nichts«, sagte Idi eines Tages vorwurfsvoll zu Eva, und schaute in den Zwillingswagen, in dem die Babys schon seit Stunden schliefen. Sie waren in der S-Bahn nach Nikolassee vom Schuckeln eingeschlafen und seitdem nicht mehr aufgewacht.

»Laut schreien können sie«, korrigierte Elli sie. »Wenn sie nicht gerade schlafen.«

»Und mich auf Trab halten auch«, lachte Tante Eva.

»Ihr wisst, was ich meine«, murrte Idi und schaute sich um. Vor ihnen lag der Wannsee, auf dem sich viele Segelboote tummelten. Die Sonne schien vom strahlend blauen Himmel und zauberte silbrige Reflexe auf die Wellen, die sanft ans Ufer plätscherten. Um sie herum waren lauter leere Strandkörbe. Kaum jemand schien zu wissen, dass das Strandbad Wannsee schon im April und nicht erst im Sommer zur Badezeit öffnete. Das Strandbad war schon immer einer von Tante Evas Lieblingsplätzen in Berlin gewesen, und jetzt kam sie so oft sie konnte mit den Zwillingen her. An diesem Sonntag waren alle mitgefahren. Thomas und Matea, Henriette und Alexander, Elli und Idi und natürlich Philip. Nur Mark war nicht dabei.

Während Philip und Henriette auf dem riesigen Schachfeld beim Eingang spielten, hatten sich die Erwachsenen Idis Frisbee ausgeliehen. Alexander war bei dem Versuch, sie zu fangen, schon zweimal in den See gefallen. Vom Wasser her hörte man die Gruppe immer wieder lachen.

»Eigentlich hätten wir am Donnerstag zur Walpurgisnacht fliegen sollen«, beklagte sich Idi. »Und jetzt kannst du nicht mitkommen. Und Mama auch nicht. Weil die Babys einfach nichts können!«

»Du glaubst doch nicht, dass ich euren ersten Blocksberg verpasse? Ich bin doch nicht verrückt!« Tante Eva lehnte sich aus ihrem Strandkorb hervor und schaute Elli und Idi kopfschüttelnd an. Sie hatte ihre Schuhe und Strümpfe ausgezogen und wippte mit ihren rotlackierten Zehen schwungvoll den Zwillingswagen, der vor ihr stand.

Elli und Idi saßen im Strandkorb gegenüber und aßen das Eis, das Eva ihnen gekauft hatte.

»Wir fliegen auf den Blocksberg?« Idi glaubte, sich verhört zu haben. Auch Elli starrte Eva fassungslos an. »Und ihr kommt mit?«

»Warum denn nicht? Klar, das wird ein Riesenspaß!« Tante Eva tat, als hätten sie das ganze schon hundertmal besprochen.

»Was ist mit Emmi und Mila? Willst du die alleine in Berlin lassen?«, fragte Elli.

»Alleine, so ein Quatsch! Die haben doch auch einen Vater. Alexander bleibt bei ihnen.« Eva warf ihren Eis-Stiel in hohem Bogen in die Richtung eines Mülleimers, der ein paar Meter entfernt stand.

»Oder wir nehmen sie doch mit! In so Bauchtaschen!«

Idi sprang hoch, rannte vor Freude schreiend auf das Ufer des Wannsees zu und spritzte mit den Füßen große Wasserfontänen in die Luft.

Elli und Eva sahen ihr kopfschüttelnd nach.

»Nehmen wir die echt mit, Tante Eva?«, fragte Elli.

»In einer Bauchtausche? Auf keinen Fall. Ich bin doch kein Känguru. Die bleiben beim Papa«, sagte Eva entschlossen.

»Menno!«

»Wie bitte?«, fragte Elli.

»Ich hab nichts gesagt.« Tante Eva war aufgestanden, um den Eisstiel aufzuheben, der neben den Mülleimer gefallen war.

Elli blickte sich um. Sie hatte doch gerade laut und deutlich gehört, wie jemand sich beschwert hatte. Aber der Strand war menschenleer.

»Menno, menno!« Da war es wieder! Elli drehte sich um. War das gerade aus dem Zwillingswagen gekommen? Elli sprang ebenfalls auf und starrte in den Wagen rein, aber Emma und Mila schienen selig zu schlafen. Hatte sie sich das nur eingebildet?

»Zum Glück kommen die Chefin und Frau Sauter nicht mit zum Blocksberg«, sagte Idi, die gerade vom Wasser zurückkam.

»Obwohl sie es gerne gewollt hätten«, erinnerte Elli sie.

»Ein bisschen wird es wohl noch dauern, bis sie ihre Kräfte wiederhaben«, meinte auch Tante Eva.

»Ob die Chefin jemals wieder alleine hexen können wird?«, überlegte Elli. Der Gedanke gefiel ihr überhaupt nicht.

»Ganz sicher nicht«, sagte Tante Eva. »Sie hat ihre Macht missbraucht. Von nun an kann sie nur mit ihrer Schwester zusammen zaubern.«

»Frau Sauter als Hundefreundin. Wer hätte das gedacht?«, grinste Idi.

»Wuff«, hörte man es diesmal ganz deutlich aus dem Kinderwagen. Gefolgt von einem Kichern, das den ganzen Wagen zum Wackeln brachte.

Fassungslos starrten Elli, Idi und Eva einander an.

»Das kann ja heiter werden!«, lachte Tante Eva.

»Und wie«, riefen die Zwillinge, die im Sand saßen, und die, die im Kinderwagen lagen, wie aus einem Mund.

160

## Sibylle Luig

hat dieses Buch geschrieben. Schon als Kind liebte sie das Lesen. Angefangen selbst zu schreiben hat sie erst, als ihre Töchter immer neue Geschichten von Kindern mit magischen Kräften vorgelesen und erzählt bekommen wollten. *Magie hoch zwei – Diebe in Berlin* ist der dritte Teil ihrer Kinderbuchreihe um die zauberhaften Zwillinge Elli und Idi. Mehr Infos gibt es auf der Website www.magiehochzwei.com

## Ulrike Barth-Musil

hat die Bilder in diesem Buch gezeichnet. In der Grundschule lernte sie eine Illustratorin kennen und wusste seitdem: Das will ich auch machen! Schon immer liebte sie Zeichnen und Gestalten, und so ist sie nach der Schule Grafikerin und Illustratorin geworden. Inzwischen hat sie für viele Bücher Bilder gezeichnet und an Trickfilmen mitgearbeitet. Eine Auswahl ihrer Werke findet man auf der Website www.io-home.org

# Wie alles begann: Operation Waldmeister

Elli ist 10 Jahre alt und unglücklich: Sie findet in ihrer neuen Schule einfach keine Freundin. Wie soll das nur auf der Klassenfahrt nach Hamburg werden?

Doch in Hamburg trifft Elli ein Mädchen, Idi, und plötzlich wird ihr Leben magisch. Merkwürdige Dinge geschehen: Glühbirnen zerspringen, Kissen fliegen durch die Luft und Klopapierrollen beginnen zu schweben. Als Idi Elli in Berlin besucht, erfahren die beiden ein gut gehütetes Familiengeheimnis …

»Das doppelte Lottchen, Hanni und Nanni und jetzt Elli und Idi. Jede Generation braucht ihre Zwillinge – und diese beiden sind einfach zauberhaft. Sie ziehen Vorleser wie junge Selbstleser gleichermaßen in ihren Bann.«

*Caroline Peters, Schauspielerin*

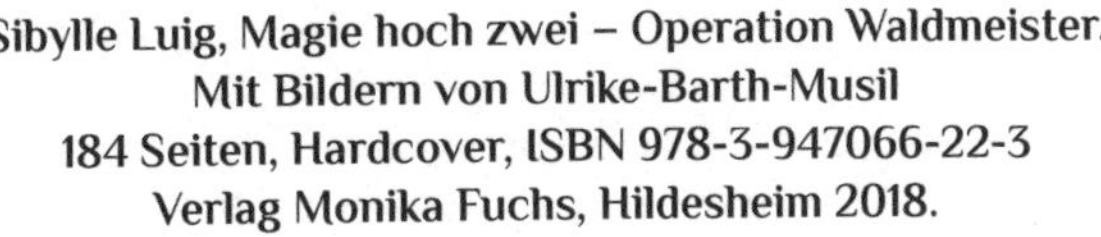

---

Sibylle Luig, Magie hoch zwei – Operation Waldmeister.
Mit Bildern von Ulrike-Barth-Musil
184 Seiten, Hardcover, ISBN 978-3-947066-22-3
Verlag Monika Fuchs, Hildesheim 2018.

# Und wie es weiterging: Die fiesen Omas

Die magischen Zwillinge Elli und Idi freuen sich auf ihre ersten gemeinsamen Sommerferien: Idi und ihr Vater ziehen von Hamburg nach Berlin zu Elli und ihrer Mutter. Doch die Vorfreude wird getrübt, als Ellis Familie neue Nachbarn bekommt: ausgerechnet die beiden Oberhexen Oma Matilda und deren Schwester Esther. Sie wollen Elli und Idi zu »richtigen« Hexen erziehen. Aber mit ihrer unsinnigen Zauberei bringen sie die Mädchen in Schwierigkeiten. Ihr Vater droht sogar, den Umzug abzublasen. Und weil das auf keinen Fall geschehen darf, schmieden Elli, Idi und Philip einen Plan, wie sie die Omas stoppen können. Doch leider ist Philips Plan ebenso gefährlich wie genial ...

»Der 2. Teil der fantastischen, bezaubernden Reihe »Magie hoch zwei« ist wieder spannend und mitreißend geschrieben und lässt auf weitere Bände hoffen.«

*ekz Bibliotheksdienst*

---

**Sibylle Luig, Magie hoch zwei – Die fiesen Omas.**
**Mit Bildern von Ulrike-Barth-Musil**
**176 Seiten, Hardcover, ISBN 978-3-947066-33-9**
**Verlag Monika Fuchs, Hildesheim 2018.**